AF246889

NOTICE

HISTORIQUE ET STATISTIQUE

SUR

VINDREST

ET DHUISY

PAR

M. L. BENOIST

Notaire honoraire, Conseiller général, Membre de la Société d'Archéologie
de Seine-et-Marne, Section de Meaux, Officier de l'Instruction publique

MEAUX

IMPRIMERIE DESTOUCHES

Rue de la Couronne, Versailles

1880

NOTICE

HISTORIQUE ET STATISTIQUE

SUR

VENDREST

ET DHUISY

PAR

M. L. BENOIST

Notaire honoraire, Conseiller général, Membre de la Société d'Archéologie
de Seine-et-Marne (Section de Meaux), Officier de l'Instruction publique

MEAUX

IMPRIMERIE DESTOUCHES

Rue de la Juiverie, 1, et quai Victor-Hugo, 16

—

1889

VENDREST ET DHUISY

La présente notice réunit Vendrest et Dhuisy qui ont des intérêts communs.

Ces deux villages sont contigus et ont pour limites au nord Coulombs et Germigny-sous-Coulombs, à l'est le département de l'Aisne et le canton de La Ferté-sous-Jouarre, au sud, ce même canton et Cocherel, à l'ouest, Ocquerre et Crouy.

Ils étaient autrefois de la généralité de Paris, de l'élection de Meaux, du doyenné de Gandelu.

PREMIÈRE PARTIE

VENDREST

CHAPITRE Ier

NOTIONS GÉNÉRALES

Vendrest s'est nommé en latin tantôt *Vendereiæ*, tantôt *Vestum unitum*. Le mot *Vendereiæ* paraît venir soit de *Vendere* qui signifiait couper, exploiter une forêt, le lieu ayant été couvert de bois, soit, mais moins vraisemblablement, de *Venda,* droit à payer au seigneur pour la faculté d'exposer ses marchandises, le lieu ayant, d'après des documents certains, possédé des marché et même une foire (1). A l'égard de *Vestum unitum*, il paraît signifier terrain plat, plaine.

A Vendrest a été réunie en 1839 une commune voisine appelée Rademont (*Rapidus mons,* raide mont) qui ne forme plus qu'un hameau. D'autre part, parmi les écarts de l'ancienne paroisse de Vendrest, Chaton, Troussevache, La Presle, La Petite-Presle, Les Plâtrières, les trois derniers ont disparu. Troussevache tend aussi à disparaître ; il s'était cependant relevé de ses ruines ; en 1780, un incendie y consuma cinquante travées de bâtiments sur cinquante-quatre existantes alors, fit périr dans les flammes sept habitants et jeta les autres sur la voie publique, dépourvus de toutes ressources. Avec le courage habituel aux populations rurales, les malheureux incendiés, aidés par le couvent de Jouarre, leur seigneur, par la comtesse d'Harville, dame de La Trousse et de Lizy, reconstruisirent leurs maisons et s'y rétablirent. La plupart de ces maisons sont aujourd'hui abandonnées et il ne reste

(1) M. Denis. Lectures sur l'histoire de l'agriculture dans le département de Seine-et-Marne.

plus qu'un ménage dans ce hameau. La facilité des communica-
tions, le voisinage de Chaton et les autres causes générales en
feront avant peu un assemblage de ruines entièrement désertes.

Un nouveau hameau, Les Brulis, s'est formé à la fin du siècle
dernier, près de carrières de plâtre ouvertes alors.

Il existe sur Vendrest un cours d'eau, à peu près permanent, le
ru Jean-Rasset ou d'Ocquerre qui se jette dans l'Ourcq au-dessous
d'Ocquerre ; les autres sont sans aucune importance.

Le chemin de grande communication de Trilport à Gandelu
(n° 17) passe au-dessous de Vendrest qui y est rattaché par deux
chemins annexes ; des chemins vicinaux ordinaires sillonnent le
terroir et relient le chef-lieu à Crouy, à Dhuisy, à Chaton, et ce
dernier hameau à Dhuisy, à Cocherel et au chemin de Gandelu à
Trilport, en traversant Rademont. Sont en projet pour compléter
ce réseau, un chemin des Brulis au chemin de grande communication n° 17, et un autre de Vendrest à Rademont.

Vendrest comptait en 1770, 196 feux, soit de 900 à 950 habitants ; en l'an XIII, 918 ; en 1836, 867 ; en 1841, après l'annexion
de Rademont, 937 ; en 1886, 623 seulement dont 340 au chef-lieu.
Cette dépopulation affecte gravement la commune qui soit au chef-
lieu soit dans les hameaux offre aux regards attristés de nombreuses habitations en ruines.

Il a existé autrefois sur un des points les plus élevés du terroir
de Vendrest, appelé du nom caractéristique de Fond-des-Nues,
une maison forte qui dominait les environs et commandait le chemin de Paris à Reims. Les nombreuses tuiles romaines et autres
matériaux qui se rencontrent en cet endroit ne laissent aucun
doute à cet égard. On peut même encore par les traces de fonda-
tions en ciment et en pierres dites de Viron indiquer les dimen-
sions de ce château fort ; elles étaient assez considérables.

Vendrest et Rademont, lors de la constitution des circonscrip-
tions nouvelles, ont fait partie du canton de Crouy. Depuis la suppression de ce canton et de sa réunion à celui de Lizy (25 fructidor
an IX), ils font partie de ce dernier canton.

Bien que Vendrest soit situé sur une hauteur et dans de bonnes
conditions de salubrité, le choléra y a sévi en 1832 avec une vio-
lence terrible : il a fait au chef-lieu de la commune 116 victimes
sur une population de moins de 500 habitants ; c'est à cette occasion que s'est déployée l'admirable énergie du curé Aubry, dont
il sera parlé plus loin.

On peut s'étonner de voir à Vendrest, à Chaton et Rademont, un nombre relativement élevé de toits en chaume. Les habitants ont trouvé dans leurs bois communaux les perches, dans leurs champs et leurs récoltes le chaume et la paille nécessaires à ces couvertures et n'en ont pas recherché de plus coûteuses.

CHAPITRE II

LES SEIGNEURIES

Plusieurs seigneuries et fiefs se partageaient Vendrest, Chaton et Rademont.

§ Ier. — SEIGNEURIE DE VENDREST

La seigneurie de Vendrest appartenait à la puissante abbaye royale de Jouarre, qui primitivement posséda aussi la seigneurie de Rademont. Elle les tenait vraisemblablement de la générosité d'un des comtes de Champagne et de Brie.

Le cartulaire de l'abbaye fait connaître quelles étaient, à la fin du XIIIe siècle, les charges et obligations des manants et habitants de la seigneurie ; les voici presque littéralement extraites de ce cartulaire :

« Chaque maison de Vendrest, de Chaton et Rademont doit une géline de feu (une poule par ménage) ; les maisons de Vendrest et Rademont situées hors du grand chemin doivent chacune un setier d'avoine.

» Chaque cheval de trait doit un denier à la Saint-Remi, un denier au mois de mai, un denier à la Saint-Jean (1).

» Chaque charrue à Vendrest doit un pichet de blé.

» Chaque arpent de terre à Vendrest doit trois deniers et un quart de denier, à Chaton un sou et un boisselet d'avoine (un tiers de minot) (2). A Vendrest certains héritages doivent le champart à raison de dix gerbes par cent, en dehors de la dîme et après la dîme payée. Quiconque enlève sa récolte avant ce prélèvement, doit l'amende.

» Toute vente d'un bien soumis au cens en la seigneurie doit les lods et ventes, c'est-à-dire un douzième du prix stipulé.

(1) Le denier et le sou de la fin du XIIIe siècle représentent l'un 33 à 40 centimes, l'autre 4 à 5 fr. d'aujourd'hui.

(2) Les biens soumis au cens étaient évalués à 2,560 arpent.

» Tout mainmortable doit à l'abbaye, lors de son décès, le meuble qu'il plaira à celle-ci de choisir.

» Quiconque se marie hors de la seigneurie sans le consentement de l'abbaye doit l'amende de formariage.

» Tout habitant de la seigneurie doit cuire son pain au four de l'abbaye et ne peut avoir de four chez lui.

» La justice appartient à l'abbaye qui nomme son juge, son procureur fiscal, son greffier, etc., et entretient un notaire sous son tabellion de Jouarre (1).

» Tout homme condamné à mort, l'abbaye confisque et prend ses biens.

» Tout homme qui ne laisse pas d'héritiers, l'abbaye en hérite.

» Elle peut prendre pour son usage les chevaux, voitures et denrées de ses vassaux (droit de pourvoirie).

» Les trésors découverts et les animaux errants lui appartiennent (droit d'épave).

» La grosse dîme de Vendrest, Rademont, Chaton. est à l'abbaye (elle était évaluée alors à 60 muids de grain, deux tiers en blé, un tiers en avoine; le muid valait 12 setiers).

» La menue dîme de Vendrest et de Rademont (dîme d'agneaux, de cochons, oisons, etc.) est à l'abbaye pour un tiers et au curé pour deux tiers. (La part de Jouarre était évaluée à cette époque 40 sous, environ 180 francs d'aujourd'hui).

» Quiconque à Chaton doit une géline doit en outre un pain au forestier (2) ».

Dans cette énumération il n'est pas question de moulin : il en existait un, banal comme le four.

Plusieurs de ces droits tels que la main-morte, le formariage, l'impôt sur les chevaux, sur les charrues, etc. disparurent, soit abolis, soit transformés ; mais la poule de feu, le cens, les lods et ventes, la banalité, le droit de justice, les dîmes traversèrent les siècles et ne furent supprimés qu'en 1789. Ce fut un des bienfaits de la Révolution.

(1) Voici les noms de quelques uns de ces notaires avec quelques dates s'y rapportant : 1651, Antoine Robiche ; 1677, Ruault ; 1694, Lamiral ; 1714, Guerton ; 1718, Huyard ; 1741, Thomas ; 1744, Mouzon, qui s'intitulait notaire tabellion juré, établi par justice en la branche de Vendrest et Chaton dépendant du tabellionnage royal de Jouarre.

Les minutes de Mouzon sont déposées en l'étude du tabellion, aujourd'hui notaire de Jouarre.

(2) Voir Cartulaire ou registre de Jouarre, Bibliothèque Nationale, n° 11,571.

Quant au domaine utile, c'est-à-dire quant à la propriété de l'abbaye, elle consistait à l'époque de la Révolution en un corps de ferme et 344 arpents de terres et prés. (mesure de 18 pieds 4 pouces, soit 122 hectares).

Devenu bien national, il a été vendu le 14 octobre 1791 moyennant 129,000 livres (1).

§ 2. — Seigneurie de Rademont.

Cette seigneurie qui, comme on le voit par ce qui précède, a appartenu à l'abbaye de Jouarre, appartenait au xiv° siècle à Périgault de Citry, qui le 1er août 1342 en fournissait aveu et dénombrement à cette abbaye, avec droit de justice (2). Elle était au xvi° siècle entre les mains d'une famille Sanguin qui possédait aussi à Puisieux un fief auquel elle a donné son nom : le 27 octobre 1572 Claude Sanguin en faisait foi et hommage à Louise de Bourbon, abbesse de Jouarre. En 1605 (24 décembre) Gédéon Sanguin, sieur des Mazis, la céda par échange à Denis de Hérère et en 1624 (5 juillet) Christophe de Hérère (vraisemblablement son fils) la vendit à Sébastien Le Hardy de la Trousse, grand prévost de France. Elle est restée dans sa maison et a suivi le sort du marquisat de La Trousse. (Voir la notice sur ce marquisat).

Le seigneur de La Trousse possédait à Rademont un corps de ferme et dépendances avec 152 arpents de terre et pré (à 18 pieds 4 pouces ou 54 hectares) d'un revenu en 1785 de 1,106 livres, et un moulin d'un revenu de 96 livres.

Il y percevait des cens et surcens consistant en 35 livres 15 sols en argent, 11 picotins de blé, 7 minots et 6 picotins d'avoine, 11 chapons, une poule et trois quarts de poule, le tout représentant 60 à 65 livres ;

Plus les lods et ventes évalués 122 livres 14 sols pour 176 arpents estimés eux-mêmes 200 livres seulement chacun.

(1) L'adjudicataire a été Jean-Louis Delagarde de Courtalin. Ce domaine a passé le 9 frimaire an VII entre les mains du marquis Germain Garnier, savant économiste, pair de France, ministre d'État et membre du conseil privé de Louis XVIII, puis à son neveu le baron Liégeard, sous-intendant militaire (1821), à Mme Eugénie de Tinteniac, épouse du baron de Moyria (1833), à M. et Mme Brazil (1850), et il appartient aujourd'hui augmenté d'une autre ferme et de diverses adjonctions à Mme Brazil, propriétaire à Paris et à la succession de son mari.

(2) Un bois sur le hameau de Rademont a conservé le nom de forest Périgault, par corruption Périgord.

Enfin il exerçait la haute, moyenne et basse justice. Le juge portait le nom de Maire.

§ 3. — Seigneurie de Chaton.

La seigneurie de Chaton n'a pas toujours appartenu tout entière à l'abbaye de Jouarre (1). Au xvi* siècle partie de cette seigneurie appartenait à Antoinette de Buberdy, femme d'Antoine des Esmonts. Au xvii* siècle le duc de Tresmes en possédait moitié indivisément avec l'abbaye. Celle-ci devint propriétaire de cette moitié dans les circonstances suivantes. En 1569 elle avait, pour faire face aux subventions exigées par le roi, vendu au Président Baillet, aïeul du duc de Tresmes, un fief qu'elle possédait à May-en-Multien, appelé le fief l'abbesse et divers droits féodaux et seigneuriaux sur des biens de la paroisse de May. Or, les couvents avaient le privilège de pouvoir rentrer dans la propriété des biens par eux aliénés pour cause de subventions, à la seule charge d'en rembourser le prix. En 1660, après 91 ans, Jouarre invoqua ce droit exorbitant. Le duc de Tresmes dut se soumettre et ne voulant pas abandonner le fief et les droits autrefois acquis sur May-en-Multien, où il était devenu seul seigneur, il transigea avec le couvent. Il abandonna à celui-ci, sans rien recevoir du prix qui avait été payé, la moitié qui lui appartenait de la seigneurie de Chaton, y compris la justice, plus la ferme de la Presle sur Chaton, une autre ferme à Vendrest dite le fief de Cuise et le moulin à vent de Vendrest (2).

Dès lors les religieuses et dévotes personnes, abbesse et religieuses de l'abbaye de Notre-Dame de Jouarre, furent seules dames de Chaton, comme elles l'étaient de Vendrest.

Elles percevaient à titre de cens sur les biens de cette seigneurie 11 deniers et un boisselet (un tiers de minot) d'avoine par arpent. C'est le cens le plus élevé qui se rencontre dans notre contrée.

Elles firent dresser en 1774 et années suivantes un terrier où figurent 207 déclarants, c'est-à-dire 207 propriétaires sur le terroir de Chaton. (Archives de Seine-et-Marne, E, 1,267 et 1,268).

§ 4. — Fiefs divers.

A. *Fief St-Julien à Vendrest.* — Ce fief appartenait à Jouarre

(1) Le bailli de Meaux, en 1384, se nommait Jean de Chaton. Notre hameau aurait-il eu l'honneur de lui donner le jour ou de le posséder comme seigneur?
(2) Acte devant Parque, notaire à Paris, du 27 juin 1665.

et relevait de la Châtellenie suzeraine d'Oissery. Il ne comprenait, comme domaine direct, qu'un demi-quartier de terre, mais il en dépendait quarante-neuf corps d'héritage soumis à la censive et parmi eux l'église et le cimetière. L'abbesse de Jouarre, Henriette-Catherine de Montmorin, en a fourni aveu et dénombrement en 1754 à la comtesse de Pontchartrain, dame d'Oissery (1).

B. *Fief-Vert.* — La seigneurie du Fief-Vert appartenait au seigneur de Lizy ; elle consistait en cens et surcens (152 livres 3 sols 3 deniers en argent et 12 chapons) et en lods et ventes qui, calculés sur 183 arpents 7 perches formant l'étendue du fief, à raison de 400 livres l'arpent et de huit un tiers pour cent du prix de vente, étaient évalués par an à 203 livres 8 sous 3 deniers. A la veille de la Révolution les biens composant le Fief-Vert appartenaient à soixante-quatorze propriétaires différents parmi lesquels on remarque Catherine d'Estant-Flesselles, veuve de François-Simon Bailleux, avocat en Parlement et Messire Pierre François de Verneux, chevalier, seigneur de Noharet, capitaine de cavalerie. Cette seigneurie appartenait alors à Marie-Henriette-Renée d'Alpozzo, marquise de La Trousse, dame de Lizy-sur-Ourcq, Mary-sur-Marne, Cocherel, Crépoil, Tancrou, Rademont, Vieux-Moulin, du Fief-Vert, etc., dame d'honneur de la comtesse d'Artois, épouse de Monseigneur Louis-Auguste-Juvénal d'Harville des Ursins, comte d'Harville, seigneur de Doue-en-Brie, officier supérieur de la gendarmerie de France. (Archives de Seine-et-Marne, E, 1,269).

C. *Fief de Cuise.* — On a vu plus haut que ce fief était situé à Vendrest et qu'il fut cédé à Jouarre par René Potier, duc de Tresmes. Il avait pris son nom de la famille de Cuise, qui a possédé longtemps Germigny-sous-Coulombs.

D. *La Presle.* — Ce fief appartenait en 1487 à noble homme Antoine de Nust, avec environ 270 arpents de terre, pré, etc. Les ducs de Tresmes et Gesvres en devinrent propriétaires et y établirent un haras. Il a été réuni, en partie du moins, au domaine de l'abbaye par la transaction de 1668 (2).

(1) Voir : *La Châtellenie suzeraine d'Oissery,* par M. Fernand Labour et Archives de Seine-et-Marne, II, 332.

(2) Un champ a conservé le nom de pré du haras.

En 1725, Hilaire-Jean-Baptiste de Marces, écuyer, prenait le titre de seigneur de la Presle, de Fussy, Vaubroulin, etc. Il s'agit de la Petite-Presle.

E. *Le Lozeret.* — En 1626, François de Pompery qui a laissé son nom à un champ (le pré des Pompery) prenait le titre de seigneur du Lozeret, petit domaine situé près de Chalon.

F. *Le Tronchet.* — En 1659, Gédéon des Mazis s'intitulait seigneur du Tronchet ainsi que du fief Vert. Nous ignorons quel était ce fief.

CHAPITRE III

L'EGLISE

§ Ier. — Vendrest

A. L'église de Vendrest, dédiée à Saint-Julien, est un monument de l'époque de transition, peut-être même du commencement du xiie siècle (1). Elle n'a qu'une nef collatérale.

Le rétable de l'autel principal et les boiseries du chœur sont dignes d'être remarqués.

C'était un honneur de reposer après sa mort dans l'église ; en 1654, Guillaume Langlois, sieur de Pondevert, gentilhomme servant du roi, en 1659, Perrette Leplaideur, sa femme, en 1697, Pierre Bénard demandaient à jouir de cet honneur et appuyaient leur demande de legs faits à l'église, ainsi qu'on le verra plus loin. En l'église, étaient inhumés de droit les curés de la paroisse. Ainsi fut-il fait pour l'abbé Rossignol, comme l'atteste l'inscription suivante : « Cy gist le corps de M. Rossignol, curé de cette paroisse, décédé le 25 avril 1768 ; requiescat in pace ».

Il existait, lors de la Révolution, trois cloches en l'église de Vendrest. Il ne paraît pas que la nation en ait requis aucune. Après le concordat une d'entre elles aurait été affectée à l'église de Crouy ; les deux autres ont été refondues en 1817, et ont formé trois cloches nouvelles portant les inscriptions suivantes :

La première : L'an de Notre Seigneur Jésus-Christ 1817, sous le règne de Louis XVIII, j'ai été bénite par M. Pierre-Denis Boullé, curé de Vendrest. Mon parrain, M. Jean-Baptiste-Louis-François Lefèvre, comte de Plinval, et ma marraine, Mme Eléonore-Louise

---

(1) Chronique des évêques de Meaux, par Monseigneur Allou.

Le patron est Saint-Julien, martyr, qui périt à Brivas (Brioude) chez les Arvernes sous Dioclétien et dont la fête se célèbre le 28 août.

Il existe auprès de l'ancienne ferme seigneuriale une fontaine appelée Fontaine Saint-Julien, qui a été autrefois le but d'un pèlerinage et aux eaux de laquelle il était attribué des propriétés miraculeuses.

Courtin, comtesse de Plinval, son épouse, m'ont nommée Louise-Eléonore ; Jacques Poulain, adjoint ; Antoine Devige, Louis Lartizien, marguilliers comptables : Jean-Baptiste Antoine, fondeur à Neuilly-Saint-Front. Des orages et tempêtes préservez-nous, seigneur.

La deuxième : L'an, etc. Mon parrain, Claude-René-Gaspard Dassy, président du tribunal de commerce de l'arrondissement de Meaux, négociant et propriétaire, et ma marraine, dame Marie-Rose Turquet, son épouse, m'ont nommée Marie-Claudine.

Et la troisième : L'an, etc. Mon parrain, Jean-Charles-Nicolas Lefrançois, cultivateur et propriétaire, ma marraine, Denise Vallerand, son épouse, m'ont nommée Geneviève-Charlotte..., Antoine Barlier, maire.

Cette dernière cloche existe encore dans l'église. Les deux autres ont été refondues en 1888 avec la cloche de l'ancienne église de Rademont et transformées en deux nouvelles cloches portant les inscriptions suivantes :

L'une : J'ai été bénite l'an de grâce 1888, M. l'abbé J. Jamais étant curé de Vendrest, M. J. Forest, maire, M. A. Sénicourt, président du conseil de fabrique, et M. Bouzard, instituteur. J'ai eu pour parrain M. Magloire Champ et pour marraine Mme Caroline Mireau, épouse de M. Lefrançois, qui m'ont nommée Caroline-Aimée-Marie. Conseil municipal : J. Forest, maire ; E. Offroy, adjoint ; L. Bruyant, A. Cholet, L. Dagron, L. Danvin, II. David, L. Legrain, F. Michon, L. Véret, F. Vincent, 29 avril 1888.

Et l'autre : J'ai été bénite l'an de grâce 1888, M. l'abbé J. Jamais étant curé de Vendrest, M. J. Forest, maire, M. A. Degland, trésorier de la fabrique, et M. Bouzard, instituteur. J'ai eu pour parrain M. Charles Lefrançois et pour marraine Mme Léonie-Désirée Legrain, épouse de M. Marteau, qui m'ont nommée Laure-Charlotte. Conseil de la fabrique : A. Sénicourt, A. Degland, C. Daniel, L. Gaillet, L. Gaillard, 29 avril 1888.

A cette dernière date a été en effet célébré en grande pompe et dans une fête publique le baptême des deux nouvelles cloches.

B. La fabrique de l'église de Vendrest possédait 21 arpents de terre et pré d'un revenu de 200 livres.

Devenus biens nationaux, ils ont été vendus le 19 novembre 1793, moyennant 18.100 livres.

Elle possédait aussi 83 l. 1 s. 6 d. de rente en 32 parties provenant de divers legs et donations faits à charge de services reli-

gieux : ainsi en 1659 Perrette Leplaideur a légué 10 l. de rente ;
en 1654 son mari avait légué 50 livres une fois payées ; en 1697
Pierre Bénard, receveur de la terre et seigneurie d'Ocquerre, a
légué 5 l. de rente ; en 1773 le curé Rossignol, 15 l. aussi de rente.

Plusieurs des rentes de la fabrique ont été transférées aux hos-
pices de La Ferté-sous-Jouarre et de Fontainebleau. Ce qui en
pouvait subsister a été restitué par l'arrêté du gouvernement du
7 thermidor an XI.

La fabrique possède aujourd'hui 47 ares 62 centiares de terre
sur le terroir de la paroisse, provenant du legs que lui a fait
Elisabeth-Victoire Chapelle, veuve Quinet, décédée à Vendrest
en 1828.

De plus elle a recueilli, en 1866, 10 francs de rente que lui a
légués sous diverses charges, Louis-Augustin Heuzé, de la paroisse
de Vendrest, et en 1875 le legs des deux tiers de sa succession que
lui a fait Nicolas-Hubert Aubry, curé de la paroisse. Elle jouit à
ce dernier titre de 347 francs de rente 3 °/₀ sur l'Etat français.

C. La cure de Vendrest était à la collation de l'évêque de Meaux.
Elle possédait un presbytère et 32 arpents 90 perches de terre. Ces
biens ont été vendus nationalement, les terres le 29 juillet 1791,
moyennant 16.300 livres et le presbytère le 7 fructidor an IV,
moyennant 4.500 livres.

La nation a également vendu le 3 frimaire an III une pièce de
terre de 40 perches et ultérieurement la maison vicariale, appartenant aussi l'une et l'autre à la cure (1).

Le curé de Vendrest jouissait, outre les immeubles de la cure,
des grosses dîmes de grain et de vin sur divers endroits du terroir
de Chaton et du canton appelé le champ Guillaume, des menues
dîmes de Chaton et des deux tiers des menues dîmes de Vendrest.
On sait que les menues dîmes portaient sur les cochons, oisons,
chevreaux, agneaux, chanvre, lin (2).

(1) L'emplacement de cette maison avec le terrain en dépendant était situé vis-
à-vis l'entrée principale de l'église, et l'obstruait. Il a été racheté par la commune
en 1825.

(2) Nous avons recueilli de la bouche de M. Jean-Baptiste-Denis Gaillard, ancien
cultivateur à Chaton, un témoignage frappant des vexations dont la perception de
la dîme pouvait être l'occasion. Nous transcrivons littéralement ce qu'il nous a rap-
porté : « Tu t'étonnes, mon enfant, lui disait sa vieille mère, que moi qui vais à
» la messe tous les dimanches et fêtes, qui remplis tous mes devoirs religieux, qui
» ne me mets jamais à table sans dire mon *Bénédicité*, tu t'étonnes que je n'aime pas
» les curés : Je vais te dire pourquoi : c'est qu'ils ont fait trop de mal à mon père.
» Mon père était laboureur ici, comme nous l'avons été, comme tu l'es mainte-

Enfin le curé recevait de l'abbaye de Jouarre, sur les grosses dîmes, sept muids (84 setiers) de blé.

En somme le revenu de la cure atteignait, au moment de la Révolution, 3.000 livres, soit environ 7.500 francs d'aujourd'hui.

Le curé était assisté d'un vicaire.

Il s'éleva un débat entre les curés de Vendrest et de Rademont et leurs paroissiens au sujet de la dîme des pâtis communaux que ceux-ci avaient défrichés, comme on le verra plus loin. Une déclaration du roi, du 13 août 1766, avait exempté pour 15 ans de la dîme et de la taille les terrains mis ainsi en valeur. Les curés crurent néanmoins devoir en réclamer la dîme : les habitants résistèrent, puis par transaction la majorité d'entre eux concéda aux curés le droit au quart du prélèvement ordinaire, mais un arrêt du conseil du roi du 9 juin 1768 annula leur délibération comme contraire à la déclaration de 1766.

La cure de Vendrest a recueilli en 1828 l'effet du legs fait à son profit par la veuve Quinet, ci-dessus nommée, et possède de ce chef 60 ares environ de terre.

D. — L'ancien presbytère de Vendrest vendu par la nation, comme on l'a vu plus haut, était une habitation confortable et spacieuse, attenant à l'église même. Il avait été établi ou rétabli vers

» nant ; mais de son temps il y avait la dîme et elle appartenait à M. le curé. Je
» ne sais à quoi cela tenait, le dîmeur n'était pas souvent prêt à venir lever la
» dîme ; pendant qu'il tardait, nous perdions notre temps et notre marchandise se
» gâtait. Une certaine année, mon père, qui passait pour un très bon laboureur,
» avait une très belle récolte de blé, la plus belle du pays ; tout le monde le disait.
» Il demande le dîmeur, car il ne pouvait pas enlever sa récolte avant que celui-
» ci fût passé et eût pris sa part. Le dîmeur se fait attendre et quand il vient, ne
» trouvant pas à sa guise la gerbe que mon père a laissée pour lui au pied de
» chaque tas, il défait les tas et les jonche sur la pièce, en faisant son choix. Un
» orage survient pendant la nuit, la pluie tombe les jours suivants, et le beau blé
» de mon père a été perdu.

» Pour la dîme du vin, si mon père mettait dans un tonneau particulier le
» meilleur de sa cuvée pour la fête du village ou la visite des parents, c'est sur ce
» tonneau que le dîmeur prenait toute sa dîme. Il faisait de même pour les agneaux
» et prenait les plus beaux. Une année, mon père avait élevé un petit bélier beau,
» superbe ; chacun venait le voir ; mon père en était fier. Ne te réjouis pas tant,
» lui disait ma mère, le dîmeur te le prendra. Oh ! que non pas, répondait mon
» père, M. le curé a intérêt à me le laisser, il régénérera mon troupeau. Le dîmeur
» emporta l'agneau. Si ma mère n'avait pas emmené mon père, il aurait pu arriver
» un malheur. Nous sommes rentrés en pleurant, ma mère, moi et mon père aussi.
» Voilà pourquoi je n'aime pas les curés ». Cette pieuse personne avait tort ; les
curés d'aujourd'hui ne dîment plus ; mais son récit dans sa naïve simplicité montre
combien la levée de la dîme pouvait être injuste, et explique comment les curés
par cela même qu'ils jouissaient des privilèges de l'ancien régime ont, suivant
l'observation de M. de Tocqueville, partagé trop souvent la haine qu'il inspirait.

1755 sous la direction du curé Rossignol, en même temps que l'église était réparée. La dépense faite au presbytère avait dépassé les prévisions, et il était question, pour couvrir la différence, de faire une coupe spéciale dans les bois communaux. Mais les habitants réunis au nombre de 59 en une assemblée de paroisse, le 29 août 1759, déclarèrent s'y opposer formellement et entendre laisser l'excédent de dépense à la charge du curé « qui s'était fait bâtir une maison beaucoup plus considérable qu'elle n'eût dû être. » Nous ignorons ce qui en est advenu (1).

Vers 1820, la commune a fait l'acquisition d'un presbytère nouveau, assez modeste, servant encore de résidence au curé de la paroisse.

E. — Le cimetière entourait primitivement l'église et se prolongeait derrière cet édifice le long du presbytère et de la rue. Il fallut, en 1833, à cause de son insuffisance et par mesure de salubrité, le reporter au nord du village sur un terrain dans lequel avaient eu lieu déjà les inhumations des victimes du choléra de 1832. Un règlement y autorise des concessions perpétuelles et à temps (2).

F. — Il existait dans l'église de Vendrest une chapelle dédiée à Sainte-Marguerite. Elle avait été fondée en 1342, par Jean Gale, chevalier, qui la dota de trois arpents de terre et de 15 livres de rente annuelle et perpétuelle, « pour faire chanter trois messes chacune semaine perpétuellement en ladite chapelle pour l'âme dudit chevalier » (3).

Cette chapelle était à la collation de l'évêque de Meaux ; Toussaint Guichard, curé de Cocherel, en jouissait en 1760. Elle possédait en 1780 42 arpents de terre et pré qui, devenus biens nationaux, ont été vendus le 29 juillet 1791, moyennant 16,600 livres.

G. — Il s'était formé à Vendrest une confrérie de Saint-Julien. Les renseignements nous manquent sur cette association.

Il n'en existe aucune aujourd'hui.

H. — Aux biens ecclésiastiques du terroir de Vendrest déjà

(1) Cet ancien presbytère depuis longtemps converti en corps de ferme a appartenu à la famille Lefrançois et appartient aujourd'hui à M. Viel, cultivateur à Vendrest.

(2) Le terrier de 1497 (Archives de Seine-et-Marne, H. 520), indique que le cimetière de Vendrest était alors situé lieudit le Pré-Caboche, attenant à des habitations.

(3) Toussaints Duplessis, *Histoire de l'église de Meaux*, 2e volume, page 220.

mentionnés, il y a lieu de joindre, pour en avoir la nomenclature exacte : 15 arpents 51 perches de taillis appartenant à l'abbaye de Jouarre, vendus le 20 juillet 1791, moyennant 17,600 livres ; 26 arpents 16 perches de terre, appartenant à la fabrique de l'église de Lizy, vendus en 15 lots le 3 frimaire an III, moyennant 28,395 livres ; 3 arpents de terre appartenant à la fabrique de l'église de Coulombs, vendus le 10 messidor an IV, moyennant 2,369 livres 4 sols ; la maison d'école de Vendrest, vendue aussi, nonobstant les réclamations des habitants, le 7 pluviôse an V, moyennant 714 livres.

De plus la nation avait confisqué 8 arpents de clos à Chaton, appartenant à un émigré du nom de Bois-Rouvray. Nous ignorons s'ils ont été vendus nationalement.

J. — Parmi les curés de Vendrest, nous citerons dans les siècles derniers : en 1153 (le plus ancien que l'on connaisse) Evrard, mentionné dans un acte de l'abbaye de Chambre-Fontaine ; en 1625, Abraham Delaître, qui demeurait à Meaux et était en même temps promoteur de l'évêché de cette ville ; en 1648, Nicolas Castel, d'une famille qui a fourni plusieurs notaires à Crouy ; en 1661, Jacques Queusse, d'une famille notable de Lizy ; en 1701, Oudet dont la persévérance contribua puissamment à faire rentrer Vendrest dans les revenus des biens de son Hôtel-Dieu (Chapitre IV ci-après) ; en 1789, Pierre-Denis Boullé qui subit la Révolution. Il consentit à prêter le 30 janvier 1791 le serment constitutionnel, fut officier public en 1793 et 1794, resta dans son ancienne paroisse où il s'occupait de la fabrication du salpêtre, aimé et estimé de ses paroissiers qui le défendaient, quand il en était besoin, du soupçon de sentiments contre-révolutionnaires. Il vit enlever de son église les objets servant au culte et vendre même les croix plantées à divers endroits de la paroisse. Il reprit ses fonctions en l'an IV, après avoir fait cette déclaration exigée par la loi : « Je reconnais que l'universalité des citoyens français est le souverain et je promets soumission et obéissance aux lois de la République », déclaration à laquelle il dut ajouter le 2 vendémiaire an VI, le serment de haine à la royauté et à l'anarchie et de fidélité à la République et à la Constitution de l'an III (1).

(1) Durant la Révolution, Vendrest a donné asile à Jean-Baptiste Dusault, prêtre, Claude-François Postel, ancien trinitaire, Louise Lemaire, ancienne religieuse à Pont-aux-Dames, Marie-Madeleine Bourdin, ancienne ursuline à Paris, Nicolas Lefrançois, ancien curé de May-en-Multien. On doit en conclure que la population traitait avec égard ces exilés et réfugiés.

Un des successeurs de Pierre-Denis Boullé, Nicolas-Hubert Aubry, originaire de Nancy, mort à Vendrest, le 25 juin 1875, à l'âge de 72 ans, curé de cette paroisse depuis 43 ans, a laissé une mémoire profondément respectée. Nous nous permettons de reproduire ici une partie des paroles que nous avons eu l'honneur de prononcer lors de ses obsèques, et qui restent l'expression de la vérité sur cet homme de bien dans la plus religieuse acception du mot : « La forte discipline du séminaire de Saint-Sulpice où il fut
» le condisciple d'hommes distingués et de prélats éminents avait
» donné à son esprit naturellement vif et pénétrant une netteté,
» une fermeté remarquables et avait fortifié en lui les qualités
» qu'il a déployées dans son ministère.

» Après un séjour à Meaux, qui a laissé des souvenirs, il fut ap-
» pelé à la cure de Vendrest ; il y signala ses débuts par un dévoue-
» men. sans exemple : le choléra, le terrible choléra de 1832, fond
» sur la commune, en décime la population ; M. Aubry se multi-
» plie ; il va de maison en maison combattre le fléau et le décou-
» ragement pire que le fléau, rassure ceux qui ne sont pas atteints,
» soutient et ranime les malades tout en leur donnant les soins du
» corps, console les mourants et leur distribue les secours de
» l'âme, ensevelit lui-même les morts, aide de ses bras à les porter
» à l'église et au cimetière ; en un mot il est partout au milieu de
» cette population frappée d'épouvante, se prodigue sans mesure, et
» trouve dans son dévouement la force surhumaine de passer qua-
» torze nuits consécutives sans sommeil. Dès lors se scellèrent
» entre le pasteur et ses ouailles ces liens d'affection, de reconnais-
» sance et de respect que la mort seule devait rompre après
» 43 ans.

» M. Aubry avait en effet au plus haut dégré tout ce qui peut
» concilier une affection respectueuse : la simplicité de manières
» qui attire et attache, l'affabilité, le désintéressement, répandant
» ses aumônes avec discernement mais sans compter pour lui-
» même, la sûreté de jugement qui impose confiance, la prompti-
» tude à comprendre le bien et à le réaliser, l'énergie qui décuple
» les forces et les services rendus, un sentiment du devoir aussi
» profond qu'élevé, tel qu'on doit l'attendre d'une intelligence dis-
» tinguée, une dévotion douce, tolérante, faisant gaiement la vo-
» lonté de Dieu, suivant l'expression de Saint-François de Salles,
» un caractère que je puis appeller humain, en ce sens qu'en lui
» on sentait l'homme autant que le prêtre, et surtout, par dessus

» tout, la bonté, je veux dire la charité, une charité patiente, ai-
» mable, compatissante aux faiblesses, indulgente pour les per-
» sonnes, sévère pour les vices.

» Quelle est, non seulement dans cette paroisse, mais loin au-
» tour de nous, la maison où il n'a pas porté le contentement, la
» consolation ou l'espérance ? Quelle est la famille (personne ne le
» sait mieux que moi), qui, dans les jours de douleur et d'accable-
» ment, ne s'est pas sentie ranimée par ses conseils, par ses paroles
» bonnes et douces, mais fortifiantes surtout ? car il était homme
» d'action comme de foi et n'a jamais connu la défaillance. Per-
» sonne n'a jamais passé le seuil de ce presbytère ouvert à tous et
» à toute heure sans en rapporter un adoucissement à ses chagrins,
» un allègement à ses peines.

» Aussi que d'amitiés il s'était acquises, des plus solides et des
» plus honorables !... Partout sa venue était en quelque sorte
» fêtée ; partout il était appelé, accueilli comme un membre de la
» famille.

» Il y avait, en effet, autour de lui comme un rayonnement qui
» pénétrait doucement ceux qui l'approchaient ; il le devait à cette
» sérénité constante, à cette abondance de cœur toujours prête à
» se répandre au dehors, à cette nature si bien douée où les plus
» heureuses qualités se tempéraient les unes les autres pour former
» un ensemble d'un attrait irrésistible.

» Soumis inflexiblement à sa règle, il avait le privilège de sa-
» voir concilier tout ce qu'elle exige avec les relations de la vie de
» société vers laquelle le portait sa nature expansive et à laquelle
» il pensait, non sans raison, que dans l'intérêt même de son saint
» ministère, le ministre de la religion doit se mêler ; il estimait
» que cette habitude de fréquentation est une excellente école de
» morale pratique et religieuse ; et partout où il était, chez les
» plus humbles comme chez les plus élevés de ses amis, il avait
» son rang à part, toujours digne, toujours simple et modeste. »

Lorsque M. Aubry fut enlevé par une mort foudroyante, les conseillers municipaux de Vendrest ont tenu à honneur de le porter
eux-mêmes à sa dernière demeure, et un monument élevé dans le
cimetière de sa paroisse porte avec son nom ces mots : « Pieux
souvenir consacré à sa mémoire par la reconnaissance et l'affection de ses paroissiens et de ses amis. La foi et la charité ont rempli sa vie ; qu'il repose en paix. »

On a vu plus haut qu'il a laissé à la fabrique de son église les deux tiers des très modestes économies que sa charité lui avait permis de faire. L'autre tiers a été recueilli par la fabrique de l'église d'Ocquerre qu'il desservait.

§ II. — RADEMONT

L'église de Rademont actuellement détruite était dédiée à la Décollation de Saint-Jean-Baptiste (1).

Fondée et construite en 1240 « pour le remède de son âme » par Pierre de Rademont, qui avait assuré au curé 10 livres de rente annuelle, elle a été vendue par la commune avec l'emplacement du cimetière et démolie en 1846.

La cloche qui s'y trouvait en dernier lieu, portait cette inscription : « Pierre-Adrien Jourdain, prieur de Marnoue-les-Moines »; ce qui indique qu'elle provenait de ce couvent. Elle a concouru à former les deux nouvelles cloches de Vendrest.

La fabrique de Rademont possédait 2 arpents de terre sur cette paroisse, vendus le 5 novembre 1793 moyennant 1.350 livres.

La cure était propriétaire de 34 perches de vigne vendues le 4 mars 1793 moyennant 400 livres, de 8 arpents de terre sur Vieux-Moulin, vendus le 11 avril suivant moyennant 7.000 livres et d'un arpent de terre sur Cocherel.

Le curé était gros décimateur de la paroisse. Il percevait la dîme à raison de 8 bottes par cent. Il avait droit aussi aux menues dîmes, aux dîmes de cour, aux dîmes de jardins et de vin. En 1789, il louait toutes ces dîmes sauf celle de vin, avec sa vigne et un arpent de terre, moyennant 400 livres par an ; c'était une des plus minces cures des environs.

Il existait à Rademont un presbytère de quelque importance, si on en juge par ce fait qu'en 1646, un entrepreneur de Paris s'engageait à y exécuter des travaux s'élevant à 1.846 livres, soit 7.000 à 8.000 francs d'aujourd'hui.

Le curé de la paroisse de Rademont, en 1789, se nommait Gaucher. Il prêta le serment constitutionnel le 30 janvier 1791.

L'église de Rademont, lors de la réorganisation qui a suivi le concordat n'a plus eu aucun titre ; ce qui devait en amener la suppression.

(1) Elle était située en la rue principale, à droite, vis à vis la ferme de la famille Chéron.

CHAPITRE IV

LA BIENFAISANCE

Vendrest a eu l'avantage d'être doté d'un Hôtel-Dieu, doté lui-même de 30 arpents de terre sur la paroisse. Je regrette de ne pouvoir dire le nom du fondateur de cet établissement et la date de sa fondation. Il est présumable qu'elle remonte au xi⁰ siècle ou au xiiᵉ siècle.

En 1556, le revenu de cet Hôtel-Dieu était de 26 setiers de blé froment, mesure de Meaux. Il devait être employé « à faire dire et célébrer le service divin requis et accoutumé, et à nourrir et alimenter les pauvres malades tant passants que natifs dudit lieu. »

De graves abus s'établirent au xviiᵉ siècle dans la gestion des établissements de cette nature et dans l'emploi de leurs ressources. Vendrest n'y échappa pas. En 1660, la Maison-Dieu de Vendrest avait été donnée comme bénéfice à un prêtre de Saint-Méderic (Saint-Merry) de Paris, qui s'en appliquait le revenu (Acte Gibert, notaire à Lizy, du 18 octobre 1660) ; en 1666 toutefois, Villequin, fermier moyennant 100 livres par an du revenu de l'Hôtel-Dieu, devait verser son fermage entre les mains du receveur élu par les curé, marguilliers et principaux habitants de Vendrest ; sur ce revenu, l'administrateur prélevait un tiers pour son droit d'administration et les deux autres tiers devaient être distribués aux pauvres. Or, Villequin déclarait qu'il ne se faisait aucune distribution aux pauvres et que les administrateurs de l'Hôtel-Dieu en avaient toujours employé le revenu à leur profit. Sur quoi le procureur du roi ordonnait la reddition immédiate des comptes (Archives nationales S. 4854).

Pour remédier à ce déplorable état de choses qui se rencontrait dans la plupart des petits établissements charitables, Louis XIV imagina de les réunir à des établissements plus importants, à la charge par ceux-ci de secourir jusqu'à concurrence de leurs revenus les pauvres malades du ressort des Hôtels-Dieu annexés. Par suite un arrêt du conseil du roi du 26 mars 1695, suivi de lettres-patentes données à Versailles en mars 1696, unit l'Hôtel-Dieu de Vendrest, ainsi que celui de May-en-Multien à l'Hôtel-Dieu de Lizy, dont Bossuet fit, le 14 novembre 1696, le règlement : « Seront reçus, y est-il dit, audit hôpital les malades de l'un et l'autre sexe desdits lieux de Lizy, Vendrest, May et non d'autres lieux, et ce, chacun suivant et à proportion de ses revenus. »

L'administration était confiée à un bureau composé du prieur de Lizy, des officiers de justice et de deux des principaux habitants de la paroisse élus en assemblée générale.

Le revenu total était alors de 576 livres 10 sous, dont 135 livres pour les biens de Vendrest. Mais dès 1701 Vendrest renonça à envoyer ses malades à Lizy et réclama des secours en argent. Bossuet lui attribua 90 livres pour le soulagement de ses pauvres. Vendrest ne s'en contenta pas. André Oudet, curé de la paroisse, et le syndic Rain revendiquèrent la remise des biens pour être administrés par un bureau choisi à Vendrest : ils alléguaient avec raison que les malades de ce lieu ne pouvaient aller se faire traiter à l'hospice de Lizy, qu'ils préféraient rester dans leurs familles, et qu'ils se trouvaient privés, même après la remise de 90 livres par an, d'une notable partie des ressources qui devaient leur appartenir. Sur cette réclamation, le cardinal de Bissy, évêque de Meaux, ordonna que, si l'hospitalité n'était pas exercée dans l'Hôtel-Dieu de Lizy par les malades de Vendrest, il serait donné à cette paroisse les deux tiers du revenu de ses biens par douzième de mois en mois (27 juin 1720). A la suite de cette ordonnance il intervint entre les parties, le 30 novembre 1732, une convention portant qu'il serait payé annuellement aux pauvres de Vendrest une somme fixe de 100 livres. Toutefois en 1776 la paroisse de Vendrest renouvela le débat et réclama ses biens. Après onze ans de procédure, un arrêt du conseil d'Etat du roi (29 octobre 1787), l'autorisa enfin à en reprendre la jouissance et l'administration. Cet état n'a plus été modifié depuis. (1).

Un bureau de bienfaisance a succédé à l'ancien Hôtel-Dieu et a hérité de ses biens.

Après sept siècles écoulés le patrimoine des pauvres de Vendrest s'est accru de deux legs nouveaux.

En 1828, la veuve Quinet, dont il a été fait déjà mention plus haut, leur a légué 1 hectare 54 ares 23 centiares de terre, mais sur la demande des héritiers de la testatrice, ce legs a été réduit à 74 ares 80 centiares, dont jouit le bureau de bienfaisance.

(1) Le nouveau Conseil d'Etat a tranché dans le même sens diverses demandes de semblable distraction qui lui ont été soumises. On peut citer entre autres l'arrêt rendu en 1855, entre la commune de Mareuil-sur-Ourcq et l'ancien Hôtel-Dieu d'Acy-en-Multien.

En 1866, Louis-Augustin Heuzé de la paroisse de Vendrest a donné et légué à ce Bureau de bienfaisance 600 francs à employer en rente 3 °/₀ sur l'Etat, dont le revenu, a-t-il prescrit, serait distribué aux pauvres le jour et fête de Saint-Augustin, son patron.

Dans l'intervalle (1843), Louis-François Copeaux, chanoine honoraire de l'église de Meaux, avait légué une rente perpétuelle de 1,500 grammes de pain par mois «à un pauvre de Rademont.»

Ce legs a été racheté par les héritiers du testateur, et se trouve confondu dans les ressources du bureau de bienfaisance de Vendrest qui, en 1843, dans un généreux sentiment d'équité, a admis les habitants de Rademont à prendre leur part de ses revenus.

Au moment de la Révolution, l'Hôtel-Dieu de Vendrest jouissait d'une rente sur les aides et gabelles, dont nous ignorons le chiffre et dont nous ne saurions dire quel a été le sort.

En l'état actuel, le Bureau de bienfaisance de Vendrest jouit d'un revenu de près de 1,100 francs dont 668 francs pour fermages d'immeubles ruraux, 268 francs en rente 3 °/₀ sur l'Etat français provenant principalement d'économies antérieures et environ 155 francs pour la location de la chasse sur ses immeubles et pour la part lui revenant dans le prix des concessions de terrain dans le cimetière.

C'est un usage pieux de rappeler à la population les noms de ses bienfaiteurs ; la municipalité de Vendrest ne peut manquer à cet acte de reconnaissance : nous savons qu'elle a l'intention de faire graver dans sa mairie les noms de la veuve Quinet, de l'abbé Copeaux, de l'abbé Aubry, d'Augustin Heuzé. Nous aimerions qu'elle inscrivît au-dessus de ces noms « xii° siècle, le fondateur inconnu de l'Hôtel-Dieu de Vendrest. »

CHAPITRE V

L'ÉCOLE

Avant 1789, Vendrest et Rademont avaient chacun son école. Quant à Chalon, le maître d'école de Vendrest devait, comme on le verra plus loin, y placer un sous-maître durant 4 ou 5 mois de l'année.

La maison d'école de Vendrest était située au-dessous de l'église en la rue appelée Coudessous.

Le choix du maître d'école appartenait aux habitants réunis en assemblée générale ; il se faisait le plus habituellement d'accord avec le curé et sauf ratification par l'Evêque. Cet accord n'existait pas à Vendrest en 1768 : le curé prétendit choisir le maître ; les habitants se réunirent aussitôt et déclarèrent nommer Pierre Brisset « muni de plusieurs écritures de sa main, trouvées très bien faites, et qu'on avait reconnu rempli de toutes sciences sur l'examen qu'il avait subi, ayant d'ailleurs déjà tenu l'école et chanté à l'église et ayant satisfait les habitants par sa voix et sa prestance ». Il était chargé de placer un sous-maître capable à Chaton pendant les 4 mois d'hiver, du 1er novembre au 1er mars, et les habitants suppliaient l'archidiacre de Meaux d'approuver cette nomination. Nous aimons à penser qu'il en fut ainsi.

Une autre nomination eut lieu le 21 septembre 1792, d'accord, cette fois, avec le curé de la paroisse. Antoine Delapierre fut choisi en remplacement de son père, avec mission de faire l'école du 1er octobre au 1er juillet (6 heures par jour en hiver, 8 heures par jour en été), d'assister et chanter à tous les offices, de remonter et conduire l'horloge, de sonner l'Angelus aux heures accoutumées et de fournir un sous-maître à Chaton, durant 5 mois (du 1er octobre au 1er mars). Son salaire annuel était un boisseau de blé froment par charrue et six sous par ménage « à moins qu'il n'eût été payé de ces six sous en quête de vin. » Il lui était promis en outre, pour l'eau bénite portée chaque dimanche dans chaque maison, un morceau de pain ou une miche. A l'égard des écoliers, ils devaient payer 5, 6 et 10 sous par mois. De son côté la fabrique assurait au maître comme clerc paroissial 46 livres 10 sous par an. Sous ces conditions qu'il a acceptées, le nouveau maître d'école a, suivant l'usage et le style du temps, « prêté le serment solennel d'être fidèle à la nation et de maintenir de tout son pouvoir la liberté et l'égalité ou de mourir à son poste ».

Combien depuis ce temps la situation des maîtres de l'enseignement primaire a gagné en dignité et en indépendance !

Privée de son ancienne maison d'école vendue nationalement contre son gré, la commune de Vendrest installa, vers 1825, le maître et les écoliers dans une maison achetée à cet effet, attenant au presbytère nouveau.

En 1840, Chaton eut aussi sa maison d'école communale ; l'Etat alloua une somme de 500 francs pour aider à en faire l'acquisition et l'appropriation.

Lorsque le gouvernement de la République fit de l'enseignement primaire l'objet de sa généreuse préoccupation, les locaux scolaires de Vendrest et de Chaton ne répondirent plus aux besoins de cet enseignement : la commune n'hésita pas à s'imposer les sacrifices nécessaires. En 1880 s'éleva à Vendrest, en face de la place publique et de l'église, un édifice comprenant salle de classe, mairie et logement de l'instituteur; en 1881 pareil édifice fut construit à Chaton ; l'inauguration fut faite solennellement de l'une et l'autre école avec l'assistance de M. Dethomas, député de l'arrondissement de Meaux, les 9 octobre 1881 et 23 août 1885. Aujourd'hui Vendrest peut se montrer fier d'avoir établi dans les meilleures conditions pour l'hygiène et l'enseignement ses écoliers et leurs maîtres (1).

Le tableau suivant, dressé d'après le nombre des conjoints n'ayant pas su signer leur acte de mariage, fait connaître les progrès de l'instruction primaire dans la commune de Vendrest :

DATES	Illettrés pour cent		DATES	Illettrés pour cent	
	Hommes	Femmes		Hommes	Femmes
1761-1780 . . .	26	85	1821-1840 . . .	13	32
1781-1800 . . .	25	75	1841-1860 . . .	10	17
1801-1820 . . .	23	64	1861-1877 . . .	6	10
			1878-1887 . . .	0	2

Parmi les instituteurs qui ont dirigé l'école de Vendrest dans le cours de ce siècle, il est juste de donner une mention particulière à Félix-Joseph Chartier. Son exercice n'a pas été de moins de 40 ans (1825-1865). Après les désastres de l'invasion de 1871, il a été revêtu de la fonction de maire qu'il a conservée jusqu'à sa mort (1880). Il a eu pour successeur M. Bougras, puis M. Morisset et M. Bouzard actuellement en exercice.

L'école de Chaton est dirigée en ce moment par M. Turlin.

(1) Il a fallu, lors de la construction de l'école de Vendrest, abattre un orme remontant, assure-t-on, à l'époque de Sully, vieux témoin de la sollicitude que le roi Henri IV et son ministre avaient montrée pour l'agriculture.

CHAPITRE VI

TERROIR. — AGRICULTURE.

Le terroir de Vendrest contenait 2,942 arpents 72 perches, celui de Rademont 284 arpents 91 perches, au total 3,227 arpents 63 perches, à la mesure de 22 pieds (Archives de Melun, C. 46). Le cadastre porte aujourd'hui 1,708 hectares 49 ares.

Il en appartenait à l'église 476 arpents 50 perches (petite mesure); le seigneur de Rademont en possédait 156 arpents (même mesure); le reste était en grande partie de roture.

Ce sol était morcelé depuis un temps immémorial et divisé entre un grand nombre de propriétaires. Dès le siècle dernier et peut-être déjà dans le siècle précédent, un bon nombre d'habitants étaient propriétaires fonciers ; le rôle de la taille de 1770 indique pour Vendrest et Chaton 182 habitants faisant valoir de petits héritages qui leur appartenaient. La passion de la propriété, aiguillon du travail, s'est développée encore durant notre siècle. Si la ferme seigneuriale est restée compacte, et s'est même adjoint une autre ferme dite Cordonnier ou Vallicieux, plusieurs autres ont été livrées en détail aux feux des enchères et se sont divisées entre les petits cultivateurs. La concurrence a porté les prix de vente et de location en détail à un taux véritablement excessif (2,000 francs en moyenne par hectare pour la vente et 75 à 90 francs pour la location); l'agriculture était prospère alors ; aussi a-t-on compté à Vendrest, à côté de 3 grandes exploitations de plus de 100 hectares et de 6 moyennes de plus de 50 hectares, 40 petites exploitations ; et le nombre des propriétaires inscrits à la matrice cadastrale s'élève à 703.

Le souvenir de cette prospérité rend d'autant plus sensible la crise qui sévit sur l'agriculture et dont Vendrest souffre tout particulièrement. La valeur vénale et la valeur locative des immeubles sont réduites de moitié. Tel habitant qui a peiné durant 40 ans pour se faire un petit domaine et y est parvenu, n'en obtiendrait aujourd'hui que la moitié de ce qu'il lui a coûté, et son revenu, qui devait lui donner l'aisance, est insuffisant pour ses modestes besoins. Le laboureur, toutefois, aime d'un amour sans mesure la terre qu'il cultive ; il continue à l'arroser de ses sueurs et ne connaît ni la défaillance ni le désespoir.

Parmi les anciennes fermes, il subsiste encore, au chef-lieu de la commune, la ferme seigneuriale, la ferme Cordonnier ou de Vallicieux, la ferme Tournois ou de Plinval ; à Rademont, l'ancienne ferme seigneuriale et la ferme vis-à-vis l'ancienne église ; à Chaton, la ferme Roguin (1).

Il y avait en 1771, à Vendrest et à Rademont 90 chevaux 210 vaches, 1,700 bêtes à laine. On y constate aujourd'hui 121 chevaux, 340 vaches 1,000 bêtes à laine.

Les paroisses de Vendrest et de Rademont payaient au roi, en 1788, pour la taille et la capitation 6.285 livres et pour les vingtièmes 1.989 l. 12 s. 6 d., au total 8.274 l. 12 s. 6 d. représentant aujourd'hui 22.000 fr. La commune de Vendrest paie actuellement à l'Etat, pour les quatre premières contributions directes, qui ont remplacé la taille, la capitation et les vingtièmes, 11.271 fr. 76. Elle paie en outre pour dépenses du département 6.379 fr. 36 c. et pour dépenses communales 10.632 fr. 88 c. On voit que le prélèvement fait par l'Etat sur les contributions est presque moitié moindre qu'autrefois ; si le département et les communes demandent

(1) La ferme seigneuriale et la ferme Cordonnier appartenant à Mme Brazil, ont été cultivées pendant près d'un siècle par la famille Lefrançois, après elle par MM. Alphonse et Bénoni Opoix ; elles sont aujourd'hui entre les mains de M. Joseph Forest, maire de Vendrest.

La ferme Tournois ou de Plinval, acquise en 1785 des héritiers de Etienne-Charles Tournois, avocat en parlement, par Pierre Courtin, seigneur d'Ussy, capitaine de cavalerie, gouverneur, grand bailli de Meaux, a été vendue par son petit-fils le comte de Plinval, après distraction d'une partie des terres, à M. Pajard, demeurant à Versailles. Elle est cultivée par M. Emile Gaillard.

La ferme seigneuriale de Rademont vendue avec le marquisat de La Trousse à Guillaume Baudon de Mony est passée à Mme de Limairiac, sa fille, puis à M. Henri-Victor Delaistre et appartient aujourd'hui à Mme Jeanvresse de Paris ; l'autre ferme de Rademont qui a appartenu à la famille Pompery et qui, en 1662, était vendue par Jacob Noiret, garde de M. le maréchal de Turenne, et Marie Cochard, sa femme, à Guillaume Langlois, sieur de Pondevert et est restée ensuite, durant près d'un siècle, entre les mains de la famille Chéronnet (d'où le nom de clos Chéronnet), appartient depuis plusieurs générations à la famille Chéron, qui la cultive.

La ferme de Chaton, désemparée d'une partie de ses terres, appartient aujourd'hui à M. Sénicourt.

La ferme de Mousseaux, qui appartenait en 1487, à Guillaume Hallegrain conseiller au parlement de Paris, en 1672, à une famille Caboche, subsiste encore ; elle appartient à M. Cholet.

Ont disparu : la ferme de Cuise que le duc de Tresmes a cédée à Jouarre ; celle des Mulis, en la rue des Carreaux ; les terres ont été réunies à la ferme de M. Pajard ; la ferme de la Presle, cédée en 1668 par le duc de Tresmes à Jouarre ; la ferme de la petite Presle, qui en 1597 appartenait à Magdeleine du Broullat, femme de François d'Anvennes, dame de Lizy ; la ferme de Piedumont que Degland Etienne cultivait en 1770.

En 1787, le couvent de Jouarre réaffermait à Mme Lefrançois, née Bataille, et à une somme de 17.012 fr. 24 c., ces dernières impositions du moins profltent à la commune ; c'est à elles que sont dus les écoles, les chemins, les distributions d'eau et autres objets d'indispensable utilité (1).

Aux charges qui pesaient autrefois sur l'agriculture, il faut ajouter la dîme qui, à Vendrest et Rademont, représentait environ 2 livres par arpent, mesure du lieu.

Il n'a existé à Vendrest, en dehors de l'agriculture, qu'une industrie, l'extraction et la fabrication du plâtre. Le terrain a été fouillé à cet effet en de nombreux endroits, aux alentours de Chaton, au hameau des Brulis ; quatre plâtrières ont été exploitées simultanément auprès de ce dernier hameau ; une d'elles est encore en activité.

Parmi les ouvriers agricoles et autres de Vendrest, la Société d'agriculture, sciences et arts de Meaux a distingué et couronné : 1838, Jean-Pierre Debarle, manouvrier depuis 42 ans en la même ferme ; 1839, François Bochel, gérant de culture à Vendrest ; 1845-1849-1864, Nicolas-Simon Delafosse, valet de ferme durant

son fils, les deux fermes lui appartenant (la grande ferme du village et la ferme de la Presle) contenant ensemble 338 arpents, avec les dîmes, les cens, surcens, rentes en deniers et avoines, les amendes, le colombier de la grande ferme et le pressoir de Chaton, moyennant 1,310 livres en argent (aujourd'hui 3,690 fr.), 6 chapons, 15 muids 8 setiers de blé, 7 muids 10 setiers d'avoine. Le couvent s'était réservé expressément les dix sous et la poule dus par feu pour les bois communaux.

L'inventaire, après le décès de Guillaume Langlois, sieur de Pondevert (1651), fournit quelques renseignements curieux. Il possédait 6 chevaux, 2 juments et une mule, estimés ensemble 1.135 livres, une ânesse et son ânon, estimés 25 livres ; 4 vaches estimées 24 livres chacune ; 2 génisses d'un an, estimées 36 livres ; 122 brebis, estimées 6 livres par tête ; 21 moutons, estimés 9 livres la paire ; 63 agneaux de l'année, estimés 60 sous pièce ; 28 antenais, estimés 8 livres la paire ; la demi-queue de vin de Vendrest (184 litres) était estimée 9 livres.

Il faut multiplier ces chiffres par 5 pour les traduire en monnaie d'aujourd'hui.

D'autre part, on constate chez le sieur de Pondevert, de l'argenterie pour une valeur de 138 livres, un mobilier confortable et une bibliothèque composée de 38 volumes. C'était chose bien rare alors, encore trop rare aujourd'hui dans nos villages. Son fils, gendarme et gentilhomme servant du roi, a épousé à Vendrest, en 1638, Catherine de Iliez, et était assisté de Jean Regnault, sieur de Grand-maison (de Tancrou).

(1) On s'imagine difficilement quelle charge la contribution foncière fit peser dans les premières années de son établissement sur la propriété immobilière. En 1792, Vendrest avait à payer pour cet objet l'énorme somme de 17.081 l. (plus de 40.000 fr. d'aujourd'hui). Pour la même année la contribution mobilière était de 3.778 l. 16 s. Ces deux contributions remplaçaient la taille, la capitation, les vingt-ièmes et la dîme. Elles allèrent en diminuant jusqu'en 1821, époque à partir de laquelle le principal n'a plus subi d'autres variations que celles de la matière impo-sable.

42 ans en la même ferme ; Charles-Denis Engrand, garde-cham-
pêtre, ancien militaire ; 1855, Jean-Jérôme Jouarre, ouvrier plâ-
trier ; 1876, Jean-Baptiste Breteau, batteur en grange.

CHAPITRE VII

LES USAGES, BOIS ET PATIS COMMUNAUX

Sur la seigneurie de Vendrest et Chaton s'étendaient de vastes
terrains, partie en bois, partie en terre, dont le seigneur ne tirait
aucun produit ; il les concéda à ses sujets, moyennant une poule
par feu. Grâce à cette concession remontant à l'époque où Rademont, qui y fut compris, appartenait à Jouarre, Vendrest et Rademont devaient devenir riches, très riches en bois et pâtis communaux. Il ne s'agissait pas de moins de 900 arpents. Avec le cours
des années, ce fut une précieuse ressource ; les bois fournissaient
aux habitants une partie de leur chauffage et des perches, che-
vrons et poutres nécessaires à leurs bâtiments ; ces mêmes bois
fournissaient aux porcs la glandée, et, ainsi que les pâtis, le pâturage nécessaire au bétail.

Au XVI° siècle ces usages avaient pris de la valeur, et il semble
qu'alors l'abbaye regretta l'abandon qu'elle avait fait. Elle résolut
de limiter les droits des usagers ; à cet effet elle obtint du parlement de Paris, le 30 octobre 1552, un arrêt provisionnel portant
que les dames de Jouarre jouiraient des 2/3 des usages et que le
dernier tiers appartiendrait aux habitants : partage en aurait été
fait, assure-t-on, conformément à cet arrêt. Mais, s'il faut en croire
l'abbaye, les habitants de Vendrest, Chaton et Rademont, profi-
tant des troubles suscités en notre contrée par les guerres de religion et par la ligue, se seraient, sans égard à l'arrêt de 1552, mis
de nouveau en possession et jouissance de la totalité des usages.
Ils se firent même très habilement confirmer cette possession aux
termes d'une transaction faite avec le procureur de l'abbaye, le
22 avril 1566. Par cet acte l'abbaye renonçait au bénéfice de l'arrêt
de 1552, et les usagers de leur côté prenaient l'engagement de
payer et livrer par an et par feu 6 sous et une poule. A ce moment
des différends s'élevaient fréquemment au sujet des bois communaux entre les habitants de Vendrest et ceux de Dhuisy qui, très

rapprochés de ces bois, étaient souvent tentés d'y conduire leurs bestiaux ou d'en user d'autre manière. Pour mettre fin à ces difficultés, les habitants de Vendrest et de Rademont consentirent à associer les habitants du village de Dhuisy et des hameaux de Chambardy et Clairefontaine en dépendant, à leurs bois taillis et usages situés entre Vendrest et Dhuisy (1589) (1).

Il fut convenu que chacun des habitants de Vendrest, Chaton, Rademont, La Presle, Dhuisy, Chambardy et Clairefontaine, y tenant leur principal domicile, auraient une part égale dans les bois taillis, tant pour leur feu et ménage que pour l'entretien de leurs maisons situées aux villages et hameaux indiqués. Comme prix de cette association les habitants de Dhuisy, Chambardy et Clairefontaine s'obligèrent de payer aux habitants de Vendrest, Chaton, Rademont et La Presle, 60 écus sol ou 180 livres tournois par an (2).

Cependant en 1629, l'abbaye, réclamant la stricte exécution de l'arrêt de 1552, prétendit rentrer dans la possession et disposition exclusive des deux tiers des usages. Les usagers invoquèrent la transaction de 1566 ; en même temps, prenant le ton modeste qu'un sujet devait toujours conserver envers son seigneur, « ils s'adressèrent à la piété et charité des vénérables et religieuses dames, abbesse, prieure et couvent de Jouarre, leur remontrant que sans le secours des usages, il était difficile que le pauvre peuple pût vivre à Vendrest, Chaton, Rademont et Dhuisy », et ils offrirent de payer une redevance supplémentaire de 10 sous par feu. On transigea sur ces bases. Par acte du 2 mai 1630 (de Chevery, notaire à Jouarre), l'abbaye renonça définitivement au bénéfice de l'arrêt de 1552 et abandonna à perpétuité aux usagers la propriété des deux tiers lui appartenant dans les usages, soit bois soit pâtis (Dhuisy n'ayant toutefois droit qu'aux bois). Cet abandon fut fait sous la réserve du droit de justice et à la charge par les usagers,

(1) La désignation en est ainsi faite : tenant d'une part aux terres du terroir de Dhuisy, Chambardy, le Champ Guillaume, les Marchais, d'autre part aux pâtis et usages de Vendrest, Chaton et Rademont, d'un bout aux usages de Cocherel, appelés le bois de la Fesse et d'autre bout vers Coulombs au terroir des Essarts-'e-Bélier.

L'acte d'association est du 23 décembre 1589 devant Copin, notaire à Coulombs.

(2) A l'acte du 23 décembre 1589 ont concouru : Jean Lespron, écolier en l'université de Paris, étudiant au collège de Bourgogne, seigneur de Dhuisy ; Jean Coville et Gilles Dourdin, tous les deux praticiens à Vendrest et Gérard Desbordes, aussi praticien à Dhuisy. Ces sortes de gens jouissaient alors d'un certain crédit ; on leur donnait le titre de maître.

y compris Dhuisy et ses hameaux, de payer à perpétuité à l'abbaye le 26 décembre de chaque année, solidairement entre tous les débiteurs, 10 sous de rente en sus des 6 sous et de la poule que les habitants de Vendrest, Chaton et Rademont devaient en vertu de la transaction de 1566. Il fut en outre stipulé que les usagers ne pourraient associer à leur droit les habitants d'aucun autre village, ni vendre ou dégrader aucune partie des usages « sous peine de décheoir, sans espérance de retour, de la grâce et gratification qui leur était faite ». Enfin le traité ajoute : « Demeurera en sa force et vertu le contract d'association fait avec les habitants de Dhuisy, sans en rien innover par ces présentes » (1).

Dès lors se trouva définitivement constituée l'importante fortune communale de Vendrest, Rademont et Dhuisy (2). La redevance fut payée jusqu'à la Révolution. A ce moment les évènements et les lois en affranchirent les débiteurs ou du moins ceux-ci en cessèrent définitivement le paiement.

Jusqu'à quelle époque Dhuisy a-t-il payé à Vendrest et Rademont le prix de la participation que ces paroisses lui ont octroyée à la jouissance et propriété de leurs bois communaux ? Quels arrangements sont intervenus à ce sujet. Nous l'ignorons. Dhuisy se serait-il, lui aussi, considéré comme affranchi de la rente qu'il

---

(1) A cet acte du 2 mai 1630 d'une portée si considérable, Vendrest a été représenté par François Bénard et Jean Villequin, Rademont par François Barle et Jérôme Leroy, Dhuisy par Jacques Simon, curé, et Lebœuf, vigneron.

Parmi ceux qui ont ratifié cet acte nous citerons les noms suivants, dont plusieurs se rencontrent ou se rencontraient récemment encore dans les communes usagères :

A Vendrest et Chaton, Nicolas Langlois, vicaire ; Louis de Visne et François de Pompery, écuyers, Jean Goguely, lieutenant, François Bénard, procureur fiscal, Antoine Lagoue, greffier, Jean Villequin, amodiateur (fermier des droits seigneuriaux), Claude Devige, Jacques Chéron, Jacques Godard, Etienne et Robert Messier, Antoine Triquet, Pierre Hervé, Jacques, Jean et Henri Breteau, Jacques Ouvré, Jacques Barlier, Julien de Vendeuil, André Champ, Jacques Leconte, Jean Théodon, Vincent et Antoine Maillard, etc.;

A Rademont, Gilles Robiche, Quintin Chéron, Nicolas Noël, etc.;

A Dhuisy, Pierre et Guillaume Couillard, Jean Leconte, Jean et François Doyen, Médard Papelard, Thomas de Vaugermain, etc.

(2) Citons quelques faits relatifs à ces bois, tirés des arrêts incendiés en 1871 du conseil d'État du roi sur les eaux et forêts : En 1733, un arrêt en régla les coupes à 25 ans ; en 1743, un autre arrêt rendu à la suite de contestations maintint les habitants de Vendrest, Rademont et Dhuisy dans la possession de leurs bois à la charge de payer les redevances dues à l'abbaye de Jouarre ; en 1741 et 1773, vente de la réserve ; en 1781, l'amende réduite à mille l. que les habitants des trois communautés avaient encourue, a été attribuée aux habitants de Troussevache dont les maisons avaient été incendiées.

devait, à Vendrest et Rademont, au même titre que Vendrest et Rademont se sont trouvés affranchis de leurs redevances envers l'abbaye ?

Quoi qu'il en soit, Vendrest et Dhuisy ont conservé leurs bois communaux et en jouissent. Ces biens d'une étendue de 164 hectares 49 ares sont soumis au régime forestier. Une ordonnance royale les a divisés en deux parties : l'une de 123 hectares 35 ares est subdivisée elle-même en 25 coupes ; les taillis de cette partie sont distribués comme affouage aux habitants avec la portion de la futaie qui n'a pas de valeur industrielle ; le surplus de la futaie est vendu annuellement au profit des communes.

L'autre partie de 41 hectares 14 ares forme la réserve et est divisée en 6 coupes destinées à être vendues au profit des caisses communales.

Ces caisses supportent toutes les charges, contribution foncière, taxe de mainmorte, salaire du garde, droit dû au Trésor, comme rémunération de son contrôle (5 centimes par franc), et même les frais d'exploitation de la partie affouagère, la loi interdisant toute exploitation individuelle. D'autre part, comme ces charges dépassent les recettes annuelles (vente de futaie, location de chasse), elles perçoivent des habitants une taxe dite affouagère destinée à couvrir la différence, en telle sorte que les caisses communales ne profitent réellement que du produit de la réserve. Tel est l'esprit de la loi. La taxe affouagère est actuellement de 3 francs par feu, et le nombre de feux, moins élevé qu'il y a vingt-cinq ans, varie entre 310 et 320, dont 215 environ à Vendrest et environ 100 à Dhuisy.

Durant les vingt-cinq années écoulées de 1863 à 1887, comprenant la révolution entière des coupes ordinaires et des coupes de la réserve, les produits et les charges ont été les suivants :

1° Taillis délivrés comme affouage . . . . 139.404 f. 43
2° Futaie de ces taillis 91.287 50

    Ces chiffres résultent de l'évaluation faite chaque année par l'administration forestière.

3° Produit réel des six coupes composant la réserve. 84.201 50
4° Location de la chasse . . . . 26.310 »
5° Travaux mis à la charge des adjudicataires des
    coupes en sus de leur prix 7.164 95

Total . . . . 348.368 f. 38

348.308 f. 38

CHARGES

1° Contribution foncière	46.990 42	
2° Taxe de mainmorte	16.704 11	87.515 88
3° Droit du Trésor	4.381 34	
4° Salaire du garde	19.440 »	

Produit net . . . . . 260.852 f. 50

Soit une moyenne par année de 10.434 fr. 10 c. (1).

Ces 260.852 fr. 50 se sont répartis ainsi qu'il suit entre les habitants et les caisses communales .

Les habitants ont reçu comme affouage le n° 1 des produits. 139.404 43

Plus une portion de la futaie des coupes affouagères ; cette portion qui comprend la petite futaie non utilisable pour l'industrie, est évaluée par l'administration forestière au tiers du total, soit. . . (2) 30.429 17

Les budgets communaux ont en outre déboursé pour frais d'exploitation suivant l'évaluation de la de la même administration 32.351 55

Au total. . . . . . . 202.185 f. 15

Ce qui donne une moyenne annuelle de 8.087 fr. 40 cent., à la charge toutefois de la taxe de 3 fr. par feu.

Quant aux caisses communales, elles ont reçu les n°° 3 et 4 et les 2/3 du n° 2 des produits et elles ont profité du n° 5 . . . . 178.534 f. 78
Plus elles ont reçu des habitants la taxe affouagère 29.718 »

Total . . . . 208.252 f. 78
Elles ont payé les charges entières. 87.505 88
Plus les frais d'exploitation . . . 32.351 55 } 119.867 43

Il est resté net . . . . . . 88.385 f. 35

C'est-à-dire, à peu chose de près, uniquement le produit de la

(1) Si ces bois cessaient d'être biens de mainmorte, ils n'auraient à supporter ni la taxe spéciale à cette catégorie de biens, ni le droit dû au Trésor, et le revenu s'accroîtrait de plus de 1.000 francs par an.

On remarquera qu'indépendamment du chiffre indiqué ci-dessus pour droits dûs au Trésor, les adjudicataires de grumes et de coupes extraordinaires doivent acquitter le même droit en sus du prix de leurs adjudications.

(2) Cette évaluation, exacte pour les dernières années, serait trop élevée pour les années antérieures. Je l'ai conservée à cause de la difficulté d'en établir une autre et parce qu'elle représente un état de choses qui paraît durable.

réserve et même moins que ce produit, si l'on considère que dans les 88.385 fr. 35 c. entrent les travaux mis en charge (7.161 fr. 93).

La moyenne annuelle représente 3.535 fr. 41 c. (1).

On s'est demandé plus d'une fois si, à l'exemple de telle ou telle commune, Vendrest et Dhuisy n'auraient pas intérêt à aliéner leurs bois communaux pour grossir leurs revenus et diminuer les centimes additionnels. Aux yeux des habitants, un revenu en nature, surtout s'il consiste en un objet de consommation nécessaire dans tous les ménages, présente un avantage supérieur à un revenu de même valeur en argent et offre une sécurité non moins grande, s'agit-il même d'une rente sur l'Etat. Ils font observer que le revenu immobilier va généralement croissant en raison inverse de la diminution de la valeur de l'argent, tandis qu'une rente fixe perd de jour en jour une partie de sa puissance d'achat ; que la nécessité de remployer tous les ans une partie du revenu pour maintenir à la rente sa valeur relative, amoindrirait sensiblement, si elle ne la faisait pas disparaître, la différence qui pourrait exister entre le revenu des bois et le produit du prix de leur aliénation. Ils ajoutent que, si à la vérité le mode de jouissance de leurs bois pourrait être modifié plus ou moins profondément, ce mode de jouissance fondé sur une pratique deux et trois fois séculaire sera assurément respecté plus religieusement que ne pourrait l'être le mode, quel qu'il soit, adopté pour la jouissance de la rente. Ils tiennent à honneur de supporter les charges que les besoins nouveaux (écoles, chemins, fontaines, lavoirs, etc.), font peser sur eux et de transmettre intact et en nature aux générations à venir le patrimoine que leur ont légué les générations passées (2).

(1) Concordance : Revenus de l'affouage . . . . 8.087 fr. 40
Revenus de la réserve. 3.535 41

11.622 81
Moyenne de la taxe affouagère 1.188 71

Somme égale au revenu net. . . . . . . 10.434 fr. 10

(2) La commune de Torcy, près Lagny, possédait aussi des biens communaux d'affouage. Elle les a vendus en 1859 moyennant 352,000 francs. Elle a construit écoles, mairie, église, presbytère, etc., et jouit encore de ce chef d'une rente sur l'Etat de 15,500 fr. Aussi lui suffit-il d'environ 50 centimes additionnels pour faire face à ses charges. Mais les habitants à qui avait été offerte d'abord, comme compensation de l'affouage, la décharge de la prestation personnelle, n'ont pas tardé à y être soumis de nouveau. Vendrest et Dhuisy supportent plus du double de centimes additionnels que Torcy, mais grâce à l'affouage, les plus humbles ménages jouissent d'un revenu annuel d'environ vingt-cinq francs. De plus les indigents ont cet autre avantage dont ils pourraient ne pas jouir aussi largement sur la propriété d'un particulier, de ramasser le bois mort pour leur chauffage.

— 35 —

A l'égard des pâtis communaux, une partie appartenait à Vendrest et à Rademont, l'autre appartenait exclusivement à Vendrest.

La première partie ne contenait pas moins de 465 arpents (Archives de Seine-et-Marne, II. 521) (1). Les usagers eurent le désir d'en faire le défrichement ; ils alléguaient que tout habitant payait pour ces pâtis, dont les bêtes à cornes étaient exclues, une même redevance aux dames de Jouarre, bien qu'ils ne profitassent qu'à ceux, en petit nombre, qui avaient des bêtes à laine. Ils alléguaient en outre qu'une partie de ces terrains était propre à la production du blé et qu'ils en tireraient par cette culture un plus grand profit. Ils entendaient du reste qu'il fût payé par ceux qui défricheraient, une redevance à la communauté. Quelques-uns des habitants se mirent même à l'œuvre sans demander ou attendre l'autorisation nécessaire, et malgré les amendes auxquelles ils furent condamnés, et dont d'ailleurs il leur fut fait remise, ils continuèrent leur possession. Toutefois sur une nouvelle demande de la communauté (Procès-verbal d'assemblée de paroisse du 1er décembre 1754, dressé par Mouzon, notaire), permission fut accordée de défricher 200 arpents dans l'endroit où le fonds était le plus propre à être ensemencé.

Les usagers ne se tinrent pas pour satisfaits : le 8 novembre 1767 une nouvelle assemblée des deux paroisses de Vendrest et Rademont, insista plus vivement que jamais sur les avantages d'un défrichement et décida, sauf homologation, qu'il serait fait 600 parts d'un arpent chacune (on évaluait la contenance à 600 arpents), lesquelles seraient tirées au sort entre les ménages dont on évaluait le nombre à 200, à la charge d'une redevance envers la communauté de 5 sous par arpent et sous la condition que la jouissance ne pourrait appartenir qu'à des habitants de l'une ou de l'autre paroisse (1). L'intendant homologua cette délibération et un arrêt du conseil du roi du 9 juin 1768 en autorisa l'exécution ;

(1) Elle tenait de l'est aux bois communaux et au quart de réserve, du couchant aux terres et vignes de Chaton et à la réserve des dames de Jouarre, d'un bout midi aux Usages de Cocherel et d'autre bout nord aux terres et ferme de la Presle.

(2) A cette assemblée figurèrent notamment Louis Triquet, syndic de Vendrest ; Etienne Godefroy, syndic de Rademont ; Jean-Baptiste Bochet ; Pierre Ganneron, cabaretier ; Jacques Bossu ; Pierre Gaillet ; Claude Degland ; Jean Loyer ; Pierre Ganneron, le jeune, couvreur en paille ; Antoine Simon, berger, etc., tous de Vendrest ; Nicolas Noël, Robert Hervé, Julien Maillard, de Chaton ; Claude Vol, François Parizy, Claude Copeaux, de Rademont.

mais cette exécution rencontra de sérieux obstacles ; ceux des habitants qui depuis plusieurs années étaient en possession de portions des terrains à partager et qui les avaient améliorées, n'entendaient pas en être dépossédés par l'effet d'un partage et ils firent à cette opération une vive opposition. Toutefois après 6 ans de lutte, le 23 mars 1774, un procès-verbal d'assemblée (Mouzon, notaire), constata et approuva la division de la partie utilisable des usages, en 645 lots de 41 perches chacun, à raison de 3 lots pour chacun des 215 feux existant alors. (On avait réservé la moins bonne portion de ces terrains pour le pâturage commun). Les lots furent tirés au sort. Ce fut encore en vain ; ceux qui étaient en possession contestèrent la régularité et l'exactitude du partage. On nomma des arbitres qui déclarèrent le partage exact et équitable (20 septembre 1774). Les détenteurs ne se rendirent pas, refusant également de payer à la communauté une indemnité pour raison de la jouissance qu'ils avaient prise indûment. Les syndics des deux paroisses recoururent de nouveau au roi qui par un second arrêt de son conseil du 13 mai 1780 confirma dans ses dispositions essentielles celui du 9 juin 1768, ordonna l'exécution du partage du 23 mars 1774 et renvoya les parties, pour les contestations qui pourraient survenir, devant l'intendant de la généralité de Paris. Aussitôt les syndics s'adressèrent à ce haut magistrat, qui le 30 septembre suivant, ordonna la mise en possession de chaque habitant dans les lots qui lui étaient échus en 1774 et l'abornement de chacun de ces lots. Ces arrêt et ordonnance restèrent longtemps lettre morte : les détenteurs des pâtis tinrent en échec les syndics, l'intendant, le conseil du roi. Ils se refusaient à déguerpir. Ils n'étaient pas moins de 68 et ne détenaient pas moins de 316 arpents ; il leur était réclamé pour leur jouissance, variant de 4 ans à 12 ans de durée, la somme de 6.731 livres ; ils étaient exposés au péril certain de voir passer en d'autres mains les terrains qu'ils avaient mis en valeur pour recevoir en échange par l'effet du tirage au sort des terrains moins bien cultivés. Les choses paraissent être restées en l'état où elles étaient. La question fut reprise plus tard : les 18 août et 8 septembre 1793, la majorité des habitants décida « qu'il serait procédé de nouveau au partage des biens communaux », mais de nouvelles oppositions furent faites à ce partage, et le 3 floréal an II, une assemblée composée de 75 personnes y compris les autorités de Vendrest et Rademont décida que le partage des pâtis aurait lieu conformément à la loi du 7 juin 1793.

A ce moment, il semblerait que les détenteurs de terrains communaux aient redouté les conséquences d'une plus longue résistance ou aient mieux compris la justice de la demande qui leur était faite : ils n'avaient d'ailleurs à attendre d'un nouveau partage rien de plus que de l'exécution de celui de 1774. Soit pour ces motifs soit par suite de transaction, le partage de 1774 fut enfin appliqué. C'est du moins ce qu'affirment plusieurs habitants et ce que confirme, assurent-ils, la possession actuelle des terrains eu égard aux modifications survenues depuis (1).

Il nous est impossible, d'autre part, de dire si les détenteurs ont payé les indemnités de jouissance qui leur étaient réclamées.

En ce qui concerne la deuxième portion de pâtis appelé des Brûlis et contenant 100 arpents, bien qu'elle fût particulière à Vendrest, une assemblée des deux paroisses de Vendrest et de Rademont tenue le 25 avril 1782 admit Rademont à y prendre part et décida que ces terrains seraient attribués aux 231 feux alors existants dans les deux paroisses, à raison de deux lots par ménage, à cause des qualités différentes du terrain (2). Un arpenteur fut chargé de l'opération, mais les mêmes difficultés d'exécution se présentèrent ; plus de la moitié était entre les mains de détenteurs qui en jouissaient depuis un temps remontant pour quelques-uns à 22 ans, et il leur était réclamé pour cette jouissance sans titre une somme totale de 1,262 l. 10 s.

Par la délibération du 3 floréal an II, déjà énoncée, les habitants de Vendrest et Rademont demandaient que les pâtis des Brulis fussent partagés conformément à la loi du 7 juin 1793. Le partage eut lieu en effet, sauf quelques parties réputées irrémédiablement stériles.

Ces parties, comme celles des Usages restées en dehors du partage, furent successivement occupées sans droit par les plus diligents ou les plus entreprenants des habitants (3). Aussi, lorsque en 1813, une loi motivée par la détresse du trésor public transféra à la Caisse d'amortissement les biens communaux en la chargeant de les vendre et de remettre aux communes une rente sur l'État proportionnée au revenu de leurs biens, il fut question de vendre publiquement ces reliquats des Usages et pâtis, ainsi que diverses

(1) M. François Thuret, de Chaton, possède un plan complet du lotissement de 1774.
(2) Claude Degland était alors syndic perpétuel de Vendrest.
(3) On les reconnaît sur le cadastre à l'irrégularité de leurs formes.

portions de terrains provenant d'envahissement sur des chemins publics d'une largeur excessive ; il s'agissait d'une contenance de 6 hectares 31 ares, occupée par divers habitants qui n'en payaient aucune redevance. Il en fut fait un lotissement officiel et une évaluation montant à 2,681 fr. Mais il ne fut donné aucune suite à ce projet de vente.

Enfin en 1834, l'administration ayant appelé l'attention des communes sur l'utilité de revendiquer les biens communaux qui avaient pu être usurpés et d'interrompre les prescriptions, le Conseil municipal de Vendrest a reconnu que, si diverses portions de terrain avaient été occupées sans droit, les détenteurs y avaient fait des travaux qui en avaient créé toute la valeur et que la commune ne devant d'ailleurs en tirer aucun profit, il n'y avait pas lieu de les revendiquer.

Cette délibération a clos un débat datant de plus de 80 ans. En outre le cadastre de la commune dressé en 1835 a reconnu en fait la possession des détenteurs.

CHAPITRE VIII

ADMINISTRATION AVANT ET DEPUIS 1789

Sous l'ancien régime les intérêts des communautés rurales se traitaient en assemblée générale de paroisse. Tous les habitants y étaient appelés sauf les indigents : c'est en ces assemblées que se nommaient annuellement le syndic chargé de veiller aux intérêts communs et les asséeurs et collecteurs chargés de répartir et de recouvrer la taille (1); c'est là aussi que se décidaient les travaux à faire à l'église, au presbytère, à l'école, aux chemins, etc. et que se votaient les ressources nécessaires pour payer ces travaux ; là également se votaient les emprunts qu'il pouvait être nécessaire de contracter, et les mesures destinées à les éteindre ; ce que nous appelons budget était inconnu ; on faisait face aux circonstances au fur et à mesure qu'elles se présentaient. Aux exemples d'assemblées générales que contiennent les chapitres précédents on peut ajouter les faits suivants instructifs en plus d'un point.

Vers 1620, la communauté des habitants de Vendrest avait été

(1) On retrouve dans les archives les noms suivants de syndics : 1626, Noël Gérard ; 1651, Antoine Maillard ; 1664, Henri Vincent ; 1759, Pierre Legouge ; 1768, Joseph Danvin.

imposée par le roi à la taxe de franc-fief et nouveaux acquêts (1). Un bourgeois de Paris, du nom de Julien Leclerc, fut chargé de solliciter la modération de cette taxe et réclama 45 livres pour ses frais et déboursés. Pour s'acquitter, Vendrest, en vertu d'une délibération prise en assemblée générale le 12 juillet 1626, vendit le 22 novembre suivant 95 perches de savarts, près la rue de Troussevache, à Leclerc qui remit volontairement 6 livres pour aider à la réparation de l'abreuvoir de Chaton et 9 livres pour la bannière de « Mons' St-Julien de Vendrest ».

Quelques années après, le roi réclamait à Vendrest la taxe d'amortissement et il était dû 1,037 l. 10 s. pour cette taxe et les frais qui y étaient relatifs (2). D'autre part Vendrest devait une rente annuelle et perpétuelle de 62 l. 10 s. Une assemblée tenue le 29 novembre 1642 consentit, pour l'extinction de ces dettes, la vente de la coupe de 252 arpents à prendre dans les bois communaux.

Au même moment Rademont tenait une assemblée générale (28 juillet 1641) et autorisait une vente de ses coupes pour payer au roi 300 livres montant de la taxe d'amortissement à sa charge (3).

Dix ans après, au mois d'avril 1651, durant la Fronde, deux compagnies du régiment du duc de Valois viennent, en vertu de lettres de cachet du roi, tenir garnison à Vendrest : il faut fournir aux officiers et soldats ce qu'on appelait l'ustensile ; or, point de deniers disponibles : les habitants se réunissent en toute hâte et chargent l'un d'eux d'emprunter 300 livres. Pour les rembourser, ils sont obligés, au mois d'octobre suivant, de vendre encore deux de leurs coupes de bois (22 octobre 1651). L'acte de vente contient cette clause qui indique de quels troubles la contrée était alors agitée : « si, à cause de la guerre, l'acquéreur ne peut jouir des deux coupes à lui vendues, il aura droit aux coupes suivantes. »

---

(1) La taxe de franc-fief était exigée de tout roturier acquérant des fiefs ; c'était le prix du droit pour lui de posséder une terre noble. Le droits de nouveaux acquêts fixé généralement à une année de revenu pour 20 ans de jouissance était dû par les gens de main morte (communauté d'habitants, abbayes, couvents, chapitres, etc.) pour les biens qu'ils achetaient. C'était, sous une autre forme, l'impôt de main morte d'aujourd'hui.

(2) C'était le prix du droit accordé par le roi aux gens de main morte de posséder des immeubles. Cette taxe faisait un double emploi avec le droit de nouveaux acquêts, mais les rois avaient souvent besoin d'argent.

(3) Cette vente a eu lieu moyennant 18 livres l'arpent (aujourd'hui environ 90 francs).

En 1664 la rente de 62 l. 10 s. mentionnée plus haut n'ayant pas été remboursée et même 450 livres d'arrérages étant dus, les malheureux habitants de Vendrest poursuivis et exécutés pour ces arrérages, étaient réduits à vendre 120 arpents ou 3 années de leur coupe moyennant ces 450 livres et le payement de 128 livres pendant 3 ans à l'abbaye de Jouarre pour leur part dans la redevance et les frais de garde (26 mars 1664).

Il faut reconnaître que la paroisse de Vendrest était bien pauvre alors malgré ses biens communaux, mais nous devons penser que grâce à l'accroissement de valeur que ces biens ont pris dans la 2e moitié du XVIIe siècle et dans le XVIIIe, les habitants sont enfin arrivés à éteindre la rente de 62 l. 10 s. et toutes leurs autres dettes et à jouir paisiblement et sans prélèvement étranger, du produit de leurs bois.

En 1787 un règlement du roi établit des municipalités dans les communautés rurales ; Duval, Lefrançois, Henri et Etienne Degland, Jean et Denis Thuret, Lourdelet, Chéron et Thomas composèrent avec le curé et le seigneur, membres de droit, le conseil général de Vendrest ; Godefroy, Parizy et Bochet firent partie de celui de Rademont. Les syndics étaient alors François Robiche à Vendrest et Claude Copeaux à Rademont.

Lorsque fut décrétée la convocation des Etats généraux, Vendrest députa Antoine Lefrançois et Pierre Chéron ; Rademont, Claude Copeaux et Nicolas Robert, pour prendre part à l'assemblée qui se réunit le 9 mars 1789 en l'église des Cordeliers de Meaux afin d'élire les deux représentants du Tiers-Etat du bailliage de cette ville aux Etats généraux.

Bientôt la loi du 14 décembre 1789 constitua les municipalités électives. Danvin fut élu maire de Vendrest, Copeaux maire de Rademont. Au mois de février 1792, Lourdin était maire de Vendrest, Parizy, maire de Rademont.

Il n'y a pas lieu de faire ici le tableau déjà tracé plusieurs fois de la vie dans nos villages durant la période révolutionnaire. Le lecteur pourra se reporter aux notices sur Douy-la-Ramée, sur Etrépilly, sur Lizy. On se contentera d'indiquer les faits spéciaux à Vendrest et à Rademont.

Lors de la formation en 1792 de la garde nationale, qui à Vendrest compta 160 hommes, le capitaine fut un ancien sergent au régiment de Blaisois du nom de Louillié, le lieutenant fut Jean Sercus, et pour en finir avec cette institution, lorsqu'elle reparut en 1830, Charles-Denis Engrand et César Barizet furent mis à la tête des deux compagnies formées alors.

Citons avec éloge quatre volontaires de Vendrest, partis en 1792, pour la défense de la patrie : Athanase Leroux, Théodore Gaillet, Remi Hue et Maillard : en l'an II l'assemblée générale des habitants votait en leur faveur une indemnité de deux livres par lot d'affouage.

Le tableau suivant fera connaître la série des maires et adjoints de la commune de Vendrest jusqu'à nos jours avec l'indication des principales œuvres de chacune des municipalités.

MAIRES	ADJOINTS
1790-....... Danvin.	
1791-....... Lourdin.	
1792-....... Claude - François Leroux.	
1793 an IV. Antoine Barlier.	
An IV-X. Antoine-Jean Lefrançois.	An IV-1820. Jacques Poulain.
An X-1807. Jean Volle.	
1808-1820. Antoine Barlier.	
1820-1855. Dominique - Benoit Lefrançois.	1820-1823. Antoine Barlier.
	1830-....... Louis-François Noël.
	1832-1837. Denis-Alexandre Dhuicque.

1837-....... Tableau et reconnaissance légale des chemins de la commune.

1837-1846. Henri-Louis Lemoine.

1839-....... Réunion de Rademont à Vendrest.

1840-....... Le conseil municipal vote 12,000 francs pour subvention extraordinaire en faveur du chemin de Lizy à Gandelu et contribue pour 6,000 francs tant en deniers qu'en travaux au chemin de grande communication de Crouy à Dhuisy.

1846-1853. Jean-Augustin Martin.

1847-....... Établissement d'une compagnie de pompiers dont le premier commandant a été Georges Michon, auquel a succédé M. Albert Gaillet.

— 42 —

1855-1860. Jean-Casimir-Hildevert Forest.

1863-1865. Louis-Henri Lemoine.
1865-1871. M. François Vincent

1853-1863. Louis-Henri Lemoine (a fait fonction de maire de 1860 à 1863).
1863-1871. M. Louis-Hippolyte Véret.

1866-....... Construction du chemin vicinal de Chaton à Rademont et au chemin de grande communication de Trilport à Gandelu (n° 17).

1869-....... Construction du chemin vicinal de Vendrest à Crouy par Ruroy.

1871-1880. Félix-Joseph Chartier, ancien instituteur.

1871-1881. M. Joseph Forest.

1872-....... Construction du chemin de Chaton à Dhuisy.

1876-......... Construction du chemin de Vendrest à Dhuisy par la Presle.

1877-....... Projet de construction d'une école avec mairie à Vendrest. — Projet d'amélioration de l'école de Chaton.

1878-....... Etablissement d'une caisse des écoles.

1879-....... Classement dans la grande vicinalité des deux embranchements de Vendrest au chemin de Trilport à Gandelu.

1880-....... Vote de l'étab'issement d'une fontaine sur la place publique.

1881-....... M. Joseph Forest. | 1881-1884. M. Alphonse Opoix.

1881-....... Est votée la construction d'une nouvelle école à Chaton.

1881-....... Classement du chemin conduisant des Brulis au chemin de grande communication, n° 17.

1881-....... Classement du chemin de Vendrest à Marnoue-les-Moines.

1880-1881. Construction et Inauguration de l'école-mairie de Vendrest, et de la fontaine publique.

1883-....... Etablissement d'un lavoir communal et de conduite d'eau avec bornes fontaines.

| 1884-....... M. Eugène Offroy.

1884-1885. Construction et inauguration de l'école de Chaton.

1885-...... Construction du chemin vicinal de Vendrest à Dhuisy par l'allée Sommière.

1885...... Projet de construction du chemin de Rademont à Vendrest;

1885....... Projet de rectification du chemin de Chaton à Cocherel et du chemin de Vendrest à Crouy.

1888........ Refonte des cloches de l'église avec le concours du budget communal.

Les enfants de Vendrest ont largement acquitté la dette de leur village natal envers la Patrie. La liste est longue de ceux qui ont versé leur sang pour elle ou sont morts à son service ; encore cette liste est-elle forcément incomplète :

Noms et Prénoms	Date de naissance	Date du décès	Lieu du décès	Cause du décès
Poulain Antoine,	»	13 vendémiaire an X	Guadeloupe	Tué.
Fonquet Nicolas,	»	7 pluviôse an X	id.	Tué.
Pierre Alexis,	»	5 messidor an X	id.	Tué.
Josset Jean,	»	17 messidor an X	id.	Maladie.
Gaillet René,	»	30 fructidor an X	id.	Tué.
Triquet Louis,	»	19 thermidor an XI	Ile de Basse-Terre	Maladie.
Lemoine Denis,	»	14 juillet 1809	Ebadoff	Tué.
Lartizien Paul,	»	1809	»	»
Thuret Léon,	»	1809	»	»
Lourdelet Prosper-Jérôme,	6 juin 1790	11 novembre 1811	Arauda (Espagne)	Maladie.
Lourdelet Antoine-Augustin	5 février 1782	7 septembre 1812	Combat de Mosaik, près de la Moskowa	Tué.
Lourdelet Denis-Alexandre,	6 septembre 1792	1er juillet 1815	La Faire-sous-Befort	Tué.
Lourdelet Ange-Paul,	8 février 1811	30 février 1833	Décédé à bord de la corvette L'Allier	Maladie.
Coudun Charles-François,	19 octobre 1815	23 avril 1838	Constantine	Maladie.
Leroy Adolphe,	22 mars 1822	23 décembre 1848	Paris, hôp. du Val-de-Grâce	Maladie.
Crème Ambroise,	»	1855	Crimée	Tué.
Boudemont Jules,	»	1859	Italie	»
Legendre Ernest,	8 mars 1850	9 décembre 1870	Combat de Montlivault	Tué.
Bohand Cyrille-Ernest,	22 juin 1859	17 janvier 1871	Combat de Montbéliard	Tué.
Legrain Émile,	1859	9 février 1871	Paris, amb. du Palais-Royal	Suites de blessures.
Renaud Jean-Louis,	»	1873	Ile de la Martinique	»
Pierre André,	7 février 1852	20 mai 1875	Fort-de-France(Martinique)	Maladie.

Une mention particulière est due à Jules-Philibert Offroy qui du rang de simple soldat s'est élevé au grade de capitaine et a mérité la croix de chevalier de la Légion d'honneur. Il est mort en Algérie des suites d'une blessure reçue quelques jours auparavant à la bataille d'Isly, où il commandait une compagnie de spahis (août 1844).

Vendrest possède église, presbytère, mairie, école au chef-lieu, école au hameau de Chaton, fontaine publique et distribution d'eau, lavoirs au chef-lieu et dans les hameaux, un réseau de chemins bien près d'être complet, c'est-à-dire les organes nécessaires et utiles à la vie d'une commune. Il a assumé virilement les charges des créations nouvelles; il faut s'en féliciter. S'il est permis d'exprimer un vœu, souhaitons qu'aux créations récentes d'ordre intellectuel et matériel, se joigne bientôt une création d'ordre moral, une société de secours mutuels. Ce serait le couronnement de l'œuvre : cette institution mérite la sollicitude de la municipalité et des principaux habitants.

DEUXIÈME PARTIE

DHUISY

CHAPITRE Ier

NOTIONS GÉNÉRALES

Dhuisy, *Dusiacum,* (1) est situé à l'extrémité est du canton de Lizy ; il confine au département de l'Aisne et au canton de La Ferté-sous-Jouarre. Il en dépend un hameau, Chambardy et deux autres écarts, Heurtebise et les Écoliers, simples fermes isolées. Les lieux appelés les Ablets, les Louvets, le Pont, la rue Verte sont trop rapprochés du chef-lieu pour être considérés comme des hameaux.

Avant 1789 Dhuisy ne comprenait ni Heurtebise ni les Écoliers ; ils ont été réunis à son territoire en 1835 (2).

D'autre part, il existait un hameau ou ferme appelée Clairefontaine entièrement disparue.

Deux rus dits du pré des Moines et de la Queue-Fouquet conduisent les eaux de pluie ou de sources vers la Marne au-dessus de Sainte-Aulde.

La population était en 1770, non compris Heurtebise et les Écoliers, de 80 feux ou environ 350 habitants ; elle était en 1846, compris ces deux écarts, de 423 habitants ; elle est aujourd'hui de 309 habitants seulement.

Il n'y existe point de bureau de bienfaisance ni de Société de secours mutuels.

---

(1) Dusiacum signifie pays des démons, des malins génies. Dhuisy a été couvert de bois. L'imagination populaire ne les a-t-elle pas peuplés de sorciers et de diables y tenant leurs sabbats ? Cette hypothèse n'a rien d'invraisemblable.

(2) Le nom Heurtebise indique un lieu élevé, battu par les vents. Le nom des Écoliers vient de ce que ce lieu a appartenu longtemps au collège, aux écoliers du collège de Dormans, à Paris.

Dans le village, une maison bourgeoise se distingue des autres habitations. Elle a été construite par la famille Dassy et appartient à MM. Charles et Amédée Dassy.

Une subdivision de sapeurs-pompiers avait été créée à Dhuisy en 1844. En 1881, M. Charles Dassy a fait don à la commune d'un bâtiment propre à remiser la pompe. Mais peu après la compagnie s'est dissoute.

M. l'abbé Bonno, curé de Dhuisy, avait en 1874 fondé une fanfare dans sa paroisse : elle prospérait et d'heureux résultats étaient acquis, lorsque le départ de plusieurs des musiciens pour le service militaire appauvrit cette petite société, et, malgré les efforts de son président, ne lui permit pas de se maintenir. Sa bannière a été déposée à la mairie avec les médailles qui l'ornaient ; elle est depuis passée à l'église.

Parmi les enfants de Dhuisy qui ont servi la France avec distinction, il y a lieu de citer Jean-Pierre Lourdelet qui, sergent aux flanqueurs-chasseurs de la garde impériale, mérita la croix de chevalier de la Légion d'honneur. On cite de lui ce trait : durant la campagne de 1814, au mois de mars, il fut blessé au pied : déjà les brancardiers s'emparaient de lui pour le porter à l'ambulance : « Ce n'est rien, s'écria-t-il, Vive l'Empereur » et il continua à faire le coup de feu. Il rentra dans ses foyers en 1816 et est mort à Chambardy le 13 janvier 1871. Il avait été en 1831 capitaine de la garde nationale de Dhuisy.

Les environs de Dhuisy, d'une grande altitude, ont été occupés par les hommes de l'âge de la pierre ; on y rencontre des haches, des pointes de flèches, des couteaux et autres objets en silex, serpentine, etc. Les gallo-romains y ont séjourné également, ainsi que l'attestent çà et là des vestiges de constructions de leur époque.

Il y a encore à Dhuisy trop de personnes qui semblent prendre à tâche de justifier l'étymologie du nom du village. On ne rencontre plus de diables à cornes et à queue dans les bois, mais on y a peur des loups-garous ; les sorciers ne chevauchent plus la nuit sur un manche à balai, mais il en reste, mêlés à la population, toujours en possession de sorts et de maléfices ; ils ont pour auxiliaires les diseurs et diseuses de bonne aventure ; les uns et les autres font de bonnes affaires et entretiennent autour d'eux la plus grossière crédulité. Ils n'ont plus à redouter le bûcher, comme du temps de ce grand juge de Saint-Claude qui se vantait d'avoir fait brûler vifs sept cents sorciers ; ces sortes de gens en sont quittes aujourd'hui pour une amende de quelques francs. Qui oserait d'ailleurs les dénoncer et s'exposer aux effets de leur puissance occulte ? On cite de cette crainte un exemple récent dont les héros sont morts. Un cultivateur avait chez lui un habitant de Dhuisy qui passait pour posséder l'art des sortilèges ; victime de la part de celui-ci de larcins avérés et dont il l'avait convaincu, il ne l'en conserva pas moins à son service : « il m'entreprendrait, disait le maître, si je le congédiais » (il jetterait un sort sur ma personne ou sur mes bestiaux).

Quant aux pratiques superstitieuses, la clef placée dans un livre et sur laquelle le devin récite l'Evangile selon Saint-Jean, annonce infailliblement, suivant qu'elle tourne ou ne tourne pas durant la lecture, le succès ou l'insuccès d'une entreprise, le bon ou le mauvais numéro d'un conscrit tirant au sort.

Un ossement humain ramassé dans le cimetière sur l'heure de minuit arrête instantanément le mal de dents le plus douloureux, si la main du sorcier l'applique avec quelques paroles mystérieuses sur la dent malade.

Le voyageur qui passe à Dhuisy se demande à quoi peuvent servir les clous qu'il voit fichés dans l'intérieur des maisons ou dans le bois des portes : ces clous ont, eux aussi, touché une dent malade ; il a été récité par la sorcière une formule consacrée ; la dent a été guérie et elle ne sera plus malade tant que le clou restera à sa place.

En fait de formules, voici celle qui guérit le chancre, l'entorse, les brûlures : Misac, Ananias, Azarias ; Azarias, Ananias, Misac ; Ananias, Misac, Azarias ; je t'ordonne, ô feu, d'arrêter ton ardeur comme Gédéon (Josué) arrêta le soleil dans sa carrière. Au nom de Misac, d'Ananias, d'Azarias, etc. Amen. Il ne faut pas qu'un nom soit oublié ou interverti ; le charme serait rompu. Il est défendu d'opérer soi-même, on n'arriverait à rien. Il faut recourir aux gens du métier.

Les bonnes ménagères, coiffées des usages du bon vieux temps, savent préserver leurs abeilles de la maladie, leurs poules de la dent du renard. Pour les abeilles, elles recueillent des fleurs jonchées sur le parcours de la procession du jour de la Fête-Dieu ; elles les introduisent de nuit et furtivement dans les ruches, et, à moins que le diable ne s'en mêle, elles feront une bonne récolte de cire et de miel.

Pour les poules, elles les enferment dans des tonneaux le jeudi-saint au coucher du soleil, les laissent sans nourriture jusqu'au samedi saint, courent après la messe chercher de l'eau bénite, en aspergent l'avoine, jettent cette avoine aux prisonnières et leur rendent la liberté : elles sont désormais sacrées pour le renard, à moins d'évènement imprévu.

On peut pour ces opérations s'adresser à un homme ou à une femme de l'art ; l'effet sera plus certain encore.

Les jeunes gens appelés à tirer au sort font dire « des messes en pied de bique », c'est-à-dire dans trois églises formant par leur situation, un triangle : ils doivent dès lors compter sur un bon numéro.

Femmes de Dhuisy, ne coulez pas votre lessive le vendredi ; vous passeriez pour désirer la mort de vos maris et il pourrait vous en cuire.

Je m'arrête : c'est assez de superstitions ridicules, absurdes, propres à abêtir. Si elles ne sont pas toutes particulières à Dhuisy, elles y sont toutes fort en faveur ; plus d'une fois les curés, plus d'une fois des hommes éclairés ont voulu les combattre. « Bah ! Bah ! disent les bonnes femmes en s'éloignant et en branlant la tête, il n'a pas la foi ». On pense bien que, dans de telles dispositions, le somnambule et le rebouteur ont une nombreuse clientèle et que le docteur-médecin ne compte pour rien. Aussi combien d'existences ont été abrégées. Heureusement la lumière se fait dans les esprits : une notable partie de la population commence à se guérir de ces insanités ; elle s'emploiera à en guérir le reste. L'instruction largement dispensée à la nouvelle génération achèvera de les détruire. Si l'humanité a besoin du merveilleux, que du moins le merveilleux, le surnaturel élève le cœur et l'intelligence.

CHAPITRE II

LA SEIGNEURIE. — LE PRIEURÉ DE DHUISY

En 1160, Simon d'Oisy, vicomte de Meaux, et Ade, sa femme, fondèrent en l'église de Dhuisy, un prieuré pour trois moines du couvent de Reuil, près La Ferté-sous-Jouarre. Ils lui assurèrent une rente de 5 muids de blé froment, plus 2 setiers de sel aussi de rente, à prendre sur le minage de Meaux, et encore une maison à Meaux. Le vicomte ajouta ultérieurement à ces libéralités des prés et des bois, et un four banal situé à Lizy ; la vicomtesse de son côté donna au prieuré de Dhuisy un moulin dit de Palluel (1).

La seigneurie de Dhuisy, avec les droits habituels, cens, surcens, justice, dîmes sur toute la paroisse, etc., appartenait au prieur de ce petit couvent établi sous le titre de l'Annonciation de la Sainte-Vierge. Le prieuré arrondit ses possessions, à Meaux où il possédait des maisons et des étaux de boucherie, à Dhuisy où il acheta de nombreuses parcelles pour se constituer un enclos, près la garenne de Lizy et où il possédait lors de la Révolution une ferme appelée hôtel seigneurial attenant à l'église et 189 arpents de terre et bois. Il jouissait alors d'un revenu de 3.000 livres.

Si, primitivement trois moines de Reuil ont résidé à Dhuisy, il semble que depuis longtemps ils l'avaient quitté. Le prieur nommé par le prieur de Reuil touchait le revenu et habitait ailleurs.

La ferme et les biens de Dhuisy ont été vendus nationalement le 27 avril 1791, moyennnant 95,200 livres à Nicolas-Claude Dassy, de Meaux (2).

CHAPITRE III

L'EGLISE

A. — L'église de Dhuisy est dédiée à la Translation de Saint-Nicolas (2). Elle possède un très-beau rétable d'autel ; le tableau qu'il renferme figure l'Adoration des Mages ; les panneaux latéraux représentent à droite Saint-Louis et un évêque écrivant, à gauche Charlemagne et un pape. Ce rétable vient de l'ancien château de La Trousse où le peintre Mignard a fait plusieurs séjours et a travaillé. Les détails de l'ornementation, les nombreux anges groupés en haut du tableau de l'Adoration rappellent la manière de Mignard. Il est permis de penser que ces peintures ont été exécutées par lui ou sous sa direction.

Le clocher a été reconstruit en 1868.

(1) Déjà en 1157, André, Simon et Odon, fils de Hugues du Montcel, avaient cédé au prieuré de Reuil, en présence de l'évêque de Meaux, moyennant 35 l , tout ce qu'ils possédaient à Dhuisy, en terres, prés, bois et cens.

(2) Le titre de dame de Dhuisy était pris en 1785 par Marie-Jeanne Legras, dame également d'Acy, veuve du marquis de Folleville, maréchal de camp. Il ne peut s'agir que d'un fief sur Dhuisy. Il en doit être de même du titre de seigneur de Dhuisy que prenait en 1589 Jean Lespron, écolier à l'Université de Paris.

(3) Translation se dit particulièrement des fêtes que l'église célèbre en mémoire du transport des reliques de quelque saint d'un lieu à un autre. La translation de Saint-Nicolas se fête le 9 mai (Dictionnaire de Trévoux).

La cloche qu'il renferme porte l'inscription suivante :

L'an mil huit cent soixante-huit, j'ai été bénite sous l'invocation de la Sainte-Vierge, j'ai été nommée Jeanne-Rose par M. Claude-Jean-Baptiste-Amédée Dassy, propriétaire à Dhuisy, et par Mme Rose-Suzanne-Estelle Dassy, comtesse Le Boulenger ; Léon-Firmin Salmon, curé ; M. Jean-Baptiste Lallement, maire ; M. François-Théodore Noël, adjoint ; MM. Victor Simon, François Caquelard, François Bonnet, Alexandre Noël, Auguste Noël, Nicolas Giraut, Stanislas Martin, conseillers municipaux.

B. — Renaud, évêque de Meaux de 1158 à 1161, donna l'église de Dhuisy au prieuré de Reuil. Par suite la collation en appartenait au prieur de ce couvent. Ce ne fut pas toutefois sans contestation ; en 1460 et 1508 il était besoin de faire consacrer par sentences contre l'évêque de Meaux le droit de patronage du prieuré.

Le curé était réduit à la portion congrue. Il recevait du gros décimateur la somme fixée par le roi pour cette portion ; soit d'abord 300 livres, puis 500 livres, puis 700 livres.

C. — La fabrique de l'église de Dhuisy possédait soit seule soit en commun avec le curé diverses rentes foncières à la charge de services religieux. En 1671, notamment, Louise et Madeleine Le Chevalier des Marchais avaient fondé sous de semblables charges au profit de l'église de Dhuisy une rente perpétuelle de 7 livres et de 3 poules et lui avaient donné douze perches de pré ; en 1717, Pierre de Villiers fondait de même 8 livres de rente foncière.

D'autre part la fabrique était propriétaire do 66 perches de pré.

En outre, la cure et la fabrique possédaient sur les aides et gabelles 58 l. 8 s. 0 d. réduits de 93 l. 10 s. de rente annuelle au capital de 1.468 l. 15 s. ; j'ignore d'où provenait cette rente. Il semble que, devenue bien national, elle s'est éteinte par confusion. Il est à noter toutefois qu'en 1792 le curé, les marguilliers et le maire de la commune qui avaient précédemment donné pouvoir à un sieur Piau, agent de change à Paris, de recevoir les arrérages et le remboursement des rentes dues à la cure et à la fabrique, le faisaient condamner à leur restituer 958 l. 15 s. par lui touchés (Jugement du tribunal du 5e arrondissement du département de Paris, du 29 février 1792). Cette somme a-t-elle jamais profité à la cure et à la fabrique ? Il est permis d'en douter.

D. — Le presbytère actuel de Dhuisy est celui que la paroisse possédait avant 1780. Vendu nationalement, il a été racheté par la commune le 10 mai 1820.

E. — Le cimetière de Dhuisy était au-devant et autour de l'église. Il a été, dans le cours du siècle dernier, transféré à l'est de la commune. Il s'est agrandi en 1881 d'un terrain offert gratuitement par MM. Charles et Amédée Dassy.

F. — Le curé qui exerçait le ministère à Dhuisy au moment de la Révolution se nommait Nicolas Moyat. Il prêta le serment constitutionnel le 30 janvier 1791, se retira à Villeneuve-sur-Bellot lorsque le culte catholique fut aboli, revint dans sa paroisse quand l'exercice put en être repris (an III), fit le 26 brumaire de l'an IV la déclaration exigée par la loi : « Je reconnais que l'universalité des citoyens français est le souverain et je promets soumission et obéissance aux lois de la République », puis le même jour déclara conformément à la loi du 7 vendémiaire an III qu'il exercerait son ministère dans l'église de la commune.

Il n'y fut plus troublé désormais (1).

CHAPITRE IV

L'ECOLE

Le maître de l'école de Dhuisy jouissait d'une rente perpétuelle de 120 livres par an, léguée dans les termes suivants par Nicolas Couplet, sieur du Tartereau (ferme à Dhuisy), professeur de mathématiques des pages de la grande écurie du roi, pensionnaire et trésorier perpétuel de l'Académie des sciences, décédé le 23 décembre 1743 : « Ayant considéré que le maître d'école de Dhuisy,
» village à 14 lieues de Paris, où est située ma terre du Tartereau,
» de l'Etang, de la Thomassine et autres réunies à ma dite terre,
» n'a pas un revenu suffisant pour se donner tout entier à l'éduca-
» tion des enfants de la paroisse et que cependant c'est une chose
» essentielle pour le bien d'une paroisse, voulant contribuer à son
» mieux être, je donne et lègue pour le susdit maître d'école de la
» paroisse de Dhuisy, 120 livres de rente par chaque année, à
» prendre sur 175 livres 3 sols de rente foncière à moi dues audit
» lieu......

» Je donne et lègue cette rente de 120 livres aux charges et con-
» ditions qu'elle sera d'abondance et par augmentation de ce que
» le dit maître d'école a coutume de percevoir des habitants de la

(1) Le desservant en exercice est M. Desportes.

» paroisse ; qu'il y aura toujours un maître d'école à Dhuisy ;
» qu'il fera son objet essentiel de l'éducation des enfants de la pa-
» roisse ; et qu'il fera tous les jours prier Dieu pour moi par les
» enfants de la dite école ; que lorsque les habitants choisiront un
» maître d'école, ils devront le soumettre à l'agrément du proprié-
» taire de la ferme du Tartereau pour examiner s'il est de vie et
» et mœurs irréprochables et pour veiller à ce qu'il remplisse
» dignement ses devoirs et obligations comme chose tout à fait
» intéressante pour le bien essentiel et général de toute la pa-
» roisse. »

Ce legs a été accepté à la fois par le syndic de la paroisse
(Pierre Caquelard), par le maître d'école (Antoine-Eustache Bonnet), et par le curé et les marguilliers (Acte devant Robineau, notaire à Paris, du 26 mai 1744).

On est touché de voir un savant attacher une aussi haute importance à l'instruction élémentaire des enfants de ses manants, et
l'encourager aussi efficacement. De semblables libéralités sont
rares encore de nos jours.

La rente qu'il avait fondée a été remboursée au domaine le
15 ventôse an III et l'Etat, nous le constatons avec regret, n'en a
pas tenu compte à la commune de Dhuisy ; l'école ne l'a pas re-
couvrée (1).

L'école fut fermée quelques mois seulement durant la Révolution.
Dès le 9 germinal an II, Dhuisy choisissait pour maître, aux ap-
pointements de 500 livres par an, Jean-Brice Bonnet qui fut adjoint au maire de 1800 à 1818.

La commune est devenue en 1839 propriétaire de la maison où
était établie son école ; elle l'y a maintenue jusqu'à ce jour malgré
la notoire insuffisance du local ; les projets conçus jusqu'à présent
soit pour l'agrandissement de ce local soit pour une construction
nouvelle à portée du hameau de Chambardy, ont échoué. Il faut
espérer que le projet de construction sera repris incessamment et
que la commune de Dhuisy ne restera pas plus longtemps en
arrière des communes voisines.

Une bibliothèque scolaire, composée de 143 volumes, est entre-
tenue par une subvention annuelle du Conseil municipal ; une
caisse des écoles reçoit chaque année de ce même Conseil une

---

(1) Nicolas Couplet avait été propriétaire de la ferme du Carrouge à Chambardy
et l'avait vendue le 12 décembre 1714, moyennant 61 livres et 2 chapons de rente.

somme de 300 fr. au moyen de laquelle est établie la gratuité des fournitures classiques.

Ces générosités envers l'instruction primaire sont de bon augure ; Dhuisy voudra compléter son œuvre.

Une caisse d'épargne scolaire compte 20 livrets ; c'est pour les enfants le premier apprentissage de l'économie (1).

Le progrès de l'instruction élémentaire est sensible : de 1740 à 1819, le nombre des conjoints illettrés n'ayant pu signer leur acte de mariage a été de 54 % ; de 1820 à 1839, il a été de 40 % ; de 1840 à 1859, de 1860 à 1879, il est descendu à 28 et 24 % ; enfin de 1880 à 1887, sur 13 mariages, il ne s'est pas trouvé un seul conjoint complètement illettré.

CHAPITRE V

LE TERROIR

Dhuisy avant 1789 comprenait 720 arpents 93 perches ou 368 hectares (Archives de Seine-et-Marne, C. 46).

Il en appartenait à l'église 240 arpents environ, sur lesquels 45 arpents de bois exploités par le seigneur étaient exempts d'impôts (2).

Deux fermes réunies dans les mains d'un même fermier, en 1770, comprenaient 455 arpents. C'était la ferme seigneuriale et la ferme du Tartereau (3).

(1) L'école de Dhuisy a, de 1874 à 1887 obtenu 18 certificats d'études primaires dont 16 de 1881 à 1888, sous la direction de M. Marchand, titulaire actuel.

(2) Le couvent de Reuil possédait sur Dhuisy le bois des Meulières, d'une contenance de 21 hectares, qui a été vendu nationalement le 16 messidor an IV, à Claude-René-Gaspard Dassy, fils de Nicolas-Claude Dassy.

En outre le Chapitre de l'église de Meaux possédait à Chambardy 6 arpents 75 perches de terre, acquis le 19 septembre 1517 et chargés envers le seigneur de Dhuisy de 12 deniers de cens et de 7 sous 6 deniers de surcens. (Archives de Seine-et-Marne, G. 42). Ils ont été vendus par la Nation, le 27 avril 1791, moyennant 1.000 livres.

(3) La ferme seigneuriale, acquise nationalement, comme on l'a dit plus haut, par Nicolas-Claude Dassy, est encore dans sa descendance. Le corps de ferme est abandonné et les terres ont été réunies aux autres fermes.

Le Tartereau, auquel avait été réunie la ferme de L'Etang, appartenait au xvii° siècle au couvent de Raroy (acte Delarue, notaire à Crouy, 16 mai 1656), et au commencement du xviii° siècle à Nicolas Couplet dont il a été question plus haut. Il passa à Pierre-Etienne Renard, notaire à Paris, légataire particulier de Nicolas Couplet, et en 1759 (29 novembre, Maupetit, notaire à Paris), il a été vendu au même Nicolas-Claude Dassy dans la descendance duquel il est encore. La vente du 29 novembre 1759, comprenait le droit de banc et de chapelle en l'église de Dhuisy.

Le reste était occupé par les manants et habitants.

La ferme du Tartereau, celle de l'Etang et une autre ferme construite depuis par la famille Dassy, appelée ferme neuve, sont également aujourd'hui entre les mains d'un même fermier (M. François-Alexandre Lamiche), comme elles sont entre les mains des mêmes propriétaires (MM. Charles et Amédée Dassy). Ceux-ci réunissent environ 400 hectares. Au-dessous d'eux a subsisté la petite propriété et le cadastre compte de ce chef plus de 240 articles.

La ferme d'Heurtebise appartenait à l'abbaye royale de Chelles ; réparée et presque entièrement reconstruite en 1745, elle a été vendue nationalement le 20 novembre 1792 avec 348 arpents de terre et bois moyennant 139,400 livres. Il en dépendait un moulin et deux fiefs appelés Houldebran et la Grosse-Herbe ou la Blanchette (1).

Le domaine des Ecoliers dit aussi des Vieilles-Loges composé de terres et de bois et qui, jusqu'en 1835, a fait partie de la commune des Essarts-Grandchamp, avait appartenu au collège de Dormans, appelé plus tard de Beauvais. Le cardinal de Dormans en avait fait donation à ce collège fondé par lui (voir charte de 1359 sous Charles V, alors Dauphin, et la Notice sur Lizy.) Le collège vendit en 1658 ce domaine, qui, en 1698, appartenait à Marie Pinette, veuve de Henri Despineuil, écuyer seigneur de Fontenay « demeurant en son château du bois des Ecoliers ». Il ne tarda pas à passer entre les mains de la famille Bigeon de Courcy qui l'a conservé jusqu'en 1882 (2).

Il existait dans la ferme des Ecoliers une chapelle dédiée à sainte Anne.

Les grosses dîmes de ce territoire appartenaient à l'évêque de Meaux.

En 1770 Dhuisy, pour les 665 arpents qui composaient la partie en valeur du terroir de la paroisse et pour les 80 feux qu'il renfermait et qui comprenaient 77 manouvriers et journaliers, avait 30 chevaux, 45 vaches et 500 bêtes à laine.

----

(1) Les acquéreurs ont été MM. Borniche, frères, qui en étaient fermiers ; ils ont eu pour successeurs M. de Frémilly; M. et Mme Veyrun, M. et Mme Burdin ; la propriétaire actuelle est Mme Delesseux.

(2) La ferme des Ecoliers appartient aujourd'hui à M. Michon et est exploitée par M. Mirat. La ferme de Clairefontaine appartenait en 1720 à Jean Thomas qui prenait le titre de seigneur de Clairefontaine et qui cette même année donnait tout son bien à Jean Théroude, laboureur en la ferme des Ecoliers (acte Martin, notaire à Lizy, du 9 juin 1720). Elle avait disparu en 1770,

Aujourd'hui pour 814 hectares et une population de 309 habitants, il compte 63 chevaux, 160 vaches et 1 200 bêtes à laine.

En 1788 Dhuisy pour ses 475 arpents imposables (le surplus étant exempt) devait au roi pour la taille, la capitation et les 20ᵉˢ 1481 l. 18 s., représentant à la puissance actuelle de l'argent près de 4,000 fr., soit 8 fr. 40 c. par arpent ; aujourd'hui (rôle de 1888) Dhuisy avec ses 814 hectares doit à l'Etat pour les quatre contributions directes, qui ont remplacé les précédentes, la somme de 4,037 fr. 59 c., soit moins de 5 francs par hectare.

Il paie pour centimes départementaux 2,265 fr. 26 c., et pour centimes communaux 4,576 fr. 66 c. ; mais du moins ces sommes profitent directement à la commune (1).

Parmi les ouvriers et agents agricoles de Dhuisy la Société d'agriculture sciences et arts de Meaux a distingué et couronné : 1851, Frusot, garde champêtre, ancien militaire de l'an II à l'an IX, ayant perdu un bras à Hohenlinden ; 1855, François-Victor Martin, journalier depuis plus de 40 ans, dans la même ferme ; 1859, Jean-Nicolas Lourdelet, employé depuis 45 ans en la même ferme ; 1865, Pierre Hervy, berger depuis 43 ans dans les fermes de Dhuisy et de la Bordette ; et Claude Fallet, au service de la famille Dassy durant 40 années consécutives.

La couche arable du terroir de Dhuisy repose en certains endroits sur un banc de pierres meulières. Ces pierres étaient depuis quelques années extraites pour la fabrication des meules à moulins ; mais cette dernière industrie s'étant ralentie, elles ne servent plus guère qu'à l'entretien des chemins. Ce sont pour cet usage d'excellents matériaux.

CHAPITRE VI

LES BOIS COMMUNAUX

On a vu plus haut comment Dhuisy et ses hameaux ont été associés par Vendrest et Rademont à leurs bois communaux, et

(1) Par le travail de sous-répartition fait dans le département de Seine-et-Marne en 1858, Dhuisy a été déchargé de 388 fr. 80 c. en principal, soit en tenant compte des centimes additionnels départementaux, de plus de 600 francs.

En 1793 Dhuisy a été imposé pour la contribution foncière seule, en principal et sous additionnels à 4,000 l. 16 sous (11,000 francs d'aujourd'hui). Il a demandé d'être réduit à 2,770 l. 11 s. 3 d. représentant, avec les sous additionnels, le cinquième de son revenu qu'il évaluait à 10,945 livres. J'ignore quel a été le résultat de cette réclamation.

comment cette association consacrée par une durée de trois siècles subsiste encore aujourd'hui. Nous n'avons pas à y revenir non plus que sur les avantages que la commune en retire.

Nous dirons seulement que les habitants de Dhuisy durent en 1641 payer au roi 440 livres pour droit d'amortissement et que des lettres patentes du mois d'août 1635 leur donnèrent « pouvoir et faculté de tenir et posséder leurs droits et biens, en jouir et en user en main-morte sans qu'ils pussent en être dépossédés ni contraints de les mettre hors de leurs mains, ni qu'ils fussent tenus de payer au roi dans le présent et dans l'avenir aucun droit de nouveaux acquêts, bailler homme vivant, mourant et confiscant, mais à la charge de payer le sixième des 440 livres avec deux sous par livre pour droit de nouveaux acquêts. »

Conformément à ces lettres-patentes, les habitants de Dhuisy avaient payé par avance, le 28 mai 1654, 80 l. 13 s. 4 d.

On reconnaît par les termes qui viennent d'être rappelés littéralement ce qu'était l'amortissement. Vendrest et Rademont avaient également obtenu l'amortissement de leur part sous de semblables charges.

CHAPITRE VII

LE RÉGIME MUNICIPAL

En 1788 le syndic de Dhuisy était Charles Coquillon ; Claude Couillard, Caquelard et Beuve composaient avec le seigneur et le curé le conseil de la paroisse.

En 1789 Coquillon et Claude Couillard furent députés par le Tiers-Etat de Dhuisy à l'effet de concourir à l'élection des membres de cet ordre aux Etats généraux pour le bailliage de Meaux, tandis que le curé Moyat et Dassy de Meaux concouraient ou étaient appelés à concourir à l'élection des membres du clergé et de la noblesse pour le même bailliage.

Le premier maire de Dhuisy devenu commune, a été Caquelard (1790), qui a eu pour successeur en 1791 Jarry, remplacé lui-même par Susset.

MAIRES	ADJOINTS
1790-........ Pierre-Denis Caquelard.	
1791-........ Jarry.	
1792-1796. Charles-François Susset.	
1796-1799. Louis-Claude Blavot.	1796-........ Charles-François Susset.
1799-1804. François Noël.	1800-1818. Jean-Brice Bonnet, instituteur.
1801-1826. Louis-Claude Blavot.	1818-1826. Jacques Messier.
1826-1831. Jean-Baptiste-René Dassy.	1826-1831. Pierre-Louis Blavot.
1831-1835. Pierre-Louis Blavot.	1831-1837. Nicolas Giraut.

Etablissement d'une fontaine publique à Chambardy, jusque là privé d'eau.

MAIRES	ADJOINTS
1835-1837. Jean-Baptiste-Augustin Bonnet.	
1837-1848. Nicolas Giraut, dit Noël.	1837-1848. François Susset.

1839. Acquisition d'une maison d'école et mairie.
1839. Etablissement d'un lavoir à Chambardy.
1844. Construction du chemin de Dhuisy à Chambardy.

MAIRES	ADJOINTS
1848-1858. François Susset.	1848-1856. François-Simon Léguillette.
1858-1871. Jean-Rigomer Lallement.	1856-1865. Etienne-Simon Noël.

1858. Etablissement de lavoirs à Dhuisy et aux Ablets.
1864. Construction du chemin de Chambardy au chemin de grande communication n° 65.

MAIRES	ADJOINTS
	1865-1871. François-Théodore Noël.

1868. Reconstruction du clocher de l'église.

MAIRES	ADJOINTS
1871-........ M. Félix Martin.	1871-........ Charles-Etienne Jarry.
1871-1878. Charles-Etienne Jarry.	1871-1876. M. Rose-Stanislas Mirat.

1875. Pose d'une horloge dans le clocher de l'église.

1878-1881. M. Victor-Amédée Giraut.	1876-1878. M. François-Théodore Noël.
	1878-1881. M. Rose-Stanislas Mirat.
1881-1885. Charles - Etienne Jarry.	1881-1885. M. Louis-Léon Enocq.

1881. Etablissement d'une couverture sur les trois lavoirs publics.

1882. Construction du chemin de Dhuisy à Vendrest.

1884. Concours à la construction du chemin vicinal sur Vendrest appelé allée Sommière.

1885-1888. M. Louis-Léon Enocq.	1885-1888. M. Jean-Louis Enocq.
1888-........ M. François - Alexandre Lamiche.	1888-........ M. Louis-Léon Enocq.

Construction du chemin vicinal de Dhuisy à Sablonnière.

TABLE DES MATIÈRES

Meaux. — Imprimerie DESTOUCHES, rue de la Juiverie, 15.

AUTRES NOTICES DE M. L. BENOIST

Notice historique et statistique sur Mary-sur-Marne.

Notice historique et statistique sur Jaignes, avec la collaboration de M. ADRIEN.

Notice historique et statistique sur May-en-Multien.

Notice historique et statistique sur le marquisat de Manœuvre et sur Vincy Manœuvre.

Notice historique et statistique sur Crouy-sur-Ourcq et le duché-pairie de Gesvres.

Notice historique et statistique sur Congis, Villers-les-Rigault et le Gué-à-Tresmes.

Notice historique et statistique sur Etrépilly, avec la collaboration de M. RONSIN.

Notice historique et statistique sur Marcilly et Barcy.

Notice historique et statistique sur Douy-la-Ramée et La Marre, avec la collaboration de M. A. BÉGUIN.

Notice historique et statistique sur Armentières et Isles-les-Meldeuses.

Notice historique et statistique sur Le Plessis-Placy, avec la collaboration de M. Sarazin.

Notice historique et statistique sur le Marquisat de La Trousse et ses possessions, Cocherel, Crépoil, Tancrou, etc., et sur Ocquerre.

Se trouvent chez les libraires suivants :

Meaux : MM. LE BLONDEL et HALLOT.

Paris : MM. CHAMPION, 9, quai Voltaire; et CHEVALIER (Librairie historique des Provinces), 39, quai des Grands-Augustins.

Lizy-sur-Ourcq : Mme MAGU.

Crouy-sur-Ourcq : M. FLON.